TÒCH KI PA RETE AK OKENN TÒCH

Dife Tou Limen 21 - Seri 1

OU MANKE YON BAGAY

Avangou

« Ou manke yon bagay »

Kant nou vinn konnen ke tout moun, ke w te rich, ke w te pòv, ke w te gran, ke w te piti, ke w te save, ke w te moun sòt, ou pa konnen tout bagay e w pa posede tout bagay, se lè saa na konprann pawòl Jezi a nonm rich la, ke se pa pou li menm sèl li te pale, men li voye tout moun al reflechi. Map mande'm kounyeya si m te sonje mete non w nan lis saa. Oke. Pa gen pwoblèm. Mwen déjà mete non pa m, e mwen pa kwè genyen diferans ant mwen menm ak ou menm. Sa vle di ou ladan tou. An nou chita yon ti moman pou nou tande tout sa mèt la genyen pou di nou.

Pastè Renaut Pierre-Louis

Leson 1
Nikodèm, ou manke yon bagay

Tèks sou leson an : Mat. 7 :29 ; Mak. 6 :3 ; Jan. 1 :12 ;
3 : 1-10 ; 7 :47-53 ; 9 : 4 ; 1Kor.2 :14
Tèks pou li nan klas la : Jan.3 : 1-7
Vèsè pou resite : Jezi reponn: "Mwen di w verite a, si
yon moun pa fèt nan dlo ak nan Sentespri a, li p'ap
kapab antre nan wayòm Bondye a. Jan.3 : 5
Fason pou fè leson an : Diskou, konparezon, kesyon
Bi leson an : Montre ke tout moun, kèlke swa sa'w te
ye a, ou bezwen gen Jezi nan la vi w.

Pou komanse
Ki jan pou'w ta rive di yon filozòf ke li manke gen
lespri ? Poutan Jezi te fè yonn nan yo konprann sa :
Se te yon gwo avoka yo rele Nikodèm.

I.   **Ki jan de moun li te ye ?**
1.   Li te dwayen Sannedren an, se tribinal jwif la
     ki te genyen swasanteonz (71) avoka ladan.
     Tout moun te rèspèkte' l. Jan.7 :47-53
2.   Li te byen èlve. Li te vinn kote Jezi gwo
     lannwit e li pale ak li ak rèspè. Jan.3 : 2

II. **Ki bagay misye te manke ?**
1.   Li pat genyen Jezi nan vi'l. Jan.3 : 2 ; 7 : 50-51
     Tande sa li menm di ak bouch li : « Jezi nou
     kwè ke ou menm se yon doktè ki soti nan
     Bondye paske pa gen moun ki kap fè mirak yo
     ou fè yo si Bondye pa avè'l. Jan.3 : 2
     Answit, li montre jan li sòt kant li mande Jezi
     « Eske pou w fèt yon dezyèm fwa, fòk ou

antre ankò nan vant manman'w pou li akouche'w ». Jan. 3 : 4, 10

2. Li montre li sòt sou tout zafè Bondye. Jan.3 :12 ; 1Kor. 2 :14

3. E puiske li pat genyen Sentèspri Bondye nan li, Jezi te fè'l konnen ke li ap blije konvèti. Jan.3 : 7

III. Ki sa li ta dwe konnen ?

1. Se pa sou ban lekòl moun al aprann fè mirak.

2. Bon jan moun pa geri malad, ni li pa mennen pèsonn nan syèl.

3. Jezi te yon Raben jwif tankou li menm, men li pa kanpe resite anyen nan Liv tankou èskrib yo ak farizyen yo kap chaje tèt moun ak yon bann pawòl moun pa kap konprann. Mat.7 :29

4. Pou vin pitit Bondye, fòk ou kwè nan Jezi pou Sovè' w. Jan.1 : 12

Pou fini

Ou men ki genyen gwo konesans, map di'w yon bagay jodia : Genyen yon bagay ou manke : Ou bezwen genyen Jezi-Kri nan vi'w. **Li sèl ki genyen klè pòt syèl la nan men'l. Ou pa bezwen tann gwo lannwit ni two ta bare'w pou'w vinn jwenn Jezi.** Pandan wa'p li mesaj sa, vini jan' w ye a. Jan. 9 :4

5

Kesyon

1. Dapre'w menm ki sa Nikodèm te posede ?
   Li te gen konesans, pouvwa ak politès.

2. Ki sa'l te ye nan mitan jwif yo ?
   Li te dwayen tribinal la.

3. Ki sa li te manke ?
   Li pat ko konvèti.

4. Ki sa li ta dwe fè ?
   Li ta dwe asèpte Jezi pou Sovè'l

5. Ki sa'l ta dwe konnen ankò ?
   a. Se pa sou ban lekòl moun aprann fè mirak.
   b. Bon jan yon moun pap mennen'l nan syèl.
   c. Jezi sèl ki kap mennen yon moun nan syèl.

6. Vre ou fo
   a. Yon bon avoka ka louvri pòt syèl la pou' w
      __ V __ F
   b. Depi ou pa manke yon sèvis dimanch ou pra'l
      nan syèl kan menm. __ V __ F
   c. Pou'w sove fòk ou obsève Saba. __ V __ F
   d. Se Jezi sèl ki kap sove'w. __ V __ F

Leson 2
Nonm rich, ou manke yon bagay

Tèks sou leson an : Sòm. 41 : 1-4 ; Pwo. 19 : 17 ; 28 :27 ; Mat. 6 :17-21 ; Mak.10 :17-22 ; Lik.12 :21
Tèks pou li nan klas la : Mak. 10 : 17-22
Vèsè pou resite : Jezi gade nonm lan, li renmen l', epi l' di li: -Yon sèl bagay ou manke: Ale vann tou sa ou genyen, separe lajan an bay pòv. Apre sa, wa gen yon richès nan syèl la. Epi vin swiv mwen.. Mak. 10 : 21
Fason pou fè leson an : Diskou, konparezon, kesyon
Bi leson an : Pa kite richès anpeche'w ale nan syèl.

Pou komanse
Men yon nonm rich ki pa pase nan yon ti egzamen Jezi te bay li. Li retounen tou tris kay li. Si'l te zanmi w, ki sa'w kwè li ta rakonte' w ?

I. **Li ta di : « Mon chè, sa'm te kwè de Jezi a, se pa sa.**
    1. Mwen te ale kote'l pou'm konnen ki sa pou'm fè pou'm pa janm mouri pou'm gen tan jwi tout byen'm. Olye de sa, li ap ofri'm yon syèl kote richès mwen yo pa konte.
    2. Pou li menm, resite 10 komandman an pa yon afè.
        a. Li di'm konnen 10 komandman an se yonn, pratike'l se yon lòt. Mak. 10 : 19-20
        b. Li menm mande'm pou'm renmen Bondye pase tout bagay e pòv yo tankou tèt pa'm. Inposib mon chè ! Mak.10 :21
        c. Nan levanjil, se pa kesyon de **bagay ou pa fè**, men **ki sa'w fè** : Sa ki pi rèd la, li mande'm pou'm fè'm pòv, pou'm fè pòv

yo rich. Depi'm ka fè sa, mwen pra'l nan syèl. Mak.10 :21

3. **Poukisa nou di nonm rich sa te tankou yon pòv ?**

   a. Toudabò, li pat genyen lajan sere nan **Bank Bondye** nan syèl la. Mat.6 :19-21

   b. Li pa 't gen jwa nan Bondye. Sòm 41 : 1-4 Pou'w gen jwa saa, se lè'w pataje sa'w genyen ak lòt ki pa genyen paske Bondye pra'l bay ou menm sa lajan pa kap achte.

   c. Pa genyen pèd nan sa, e ou va genyen gras Bondye mete sou li. Pwo. 19 :17

   d. Answit Sali'w déjà peye sou bwa Kalvè a. Nonm rich saa te pòv paske kòb li te kap **sèlman peye Mezon Finèb la pou kondi'l nan simetyè.** Lik.12 :21

Pou fini

Bondye dakò ak richès, men li pa vle nou pran'l pou zidòl. Pa kite'l pran tèt nou ak kè nou. Pa kite'l anpeche nou jwenn Jezi. Se Jezi sèl ki bay vi etènel la.

Kesyon

1. Ki sa nonm rich la te kwè vi etènèl la te ye ?
   Yon vi soulatè kote li pap janm mouri pou'l gen tan jwi tout byen 'l

2. Ki sa Jezi di ki fè'l sezi ?
   a. Paske Jezi te mande'l pou'l vann byen li yo pou bay pòv yo kòb la
   b. Paske pou Jezi, vi etènèl se pa yon kesyon de viv lontan men yon vi nan relasyon ak Bondye.

3. Ki sa nonm rich la te manke?
   Yon vi nan Kris

4. Ki sa Jezi te mande'l?
   Pou'l bay vag sou richès yo kap pase, pou'l jwenn nan Jezi richès tout bon an ke li pat genyen an.

5. Ki sa nou jwenn ankò nan Jezi ?
   Nou jwenn lajwa, la pè, la jistis gras a pouvwa Sentespri a

Leson 3
Kaptenn Kònèy, ou manke yon bagay

Tèks sou leson an : Tra. 10 : 1-24, 44-48 ; Ef.2 :8
Tèks pou li nan klas la : Tra. 10 : 1-8
Vèsè pou resite : Koulye a, voye moun lavil Jope, fè
y' al chache yon nonm yo rele Simon (li gen yon ti non
Pyè). Tra. 10 : 5
Fason pou fè leson an : Diskou, konparezon, kesyon
Bi leson an : Montre koman bon zèv pap sove' w.

Pou komanse
Genyen yon kòlonn moun ki kwè ya'p sove paske yo
fè moun charite, paske yo pa manke sèvis legliz. Ki
moun ki kap retire sa nan tèt yon moun ki kwè li
konnen pase'w ?

I.   **An nou pran egzanp nan Kònèy**
     Li te kaptenn nan yon batayon sòlda italyen sou
     kont lanperè Seza. Li te rete nan vil Sezare. Li te
     la tankou Minustah nan peyi Izrayèl la.
     Tra.10 : 1-2

II. **Ki jan de moun li te ye ?**
     1. Li te yon nonm byen elve. Li te gen bon zanmi
         e li ta 'p viv nan mitan fanmiy li. Tra.10 :24
     2. Li te genyen pèseverans legliz :
         a. Ni li menm, ni fanmiy li te gen krentif pou
             Bondye. Li te renmen lapriyè e li konn fè
             moun charite. Tra.10 :2
         b. Pou gad kò li menm, te genyen nan yo ki
             te konvèti. Tra.10 : 7

10

III. Men, ki te kondisyon èspirityèl li ?
Nanm li te pèdi.

Bondye voye yon anj pale avè'l pou di li konsa :
« Ni priyè 'w yo, ni charite ou konn fè moun, men
yo la devan 'm. Toutotan ou pa konvèti, mwen pa
genyen kote pou'm mete yo. Se poutèt sa mwen
voye di'w pou'w pran Levanjl pou'w ka sove ».
Tra.10 : 4-5 ; Ef.2 :8

IV. Men ki sa pou'w fè pou sa.

Pa chèche wè ni le pap, ni chèf lame yo, ni menm
Lanperè e mwen pap voye yon anj pou preche'w.
Se yon temwen Jezikri pou 'w wè. Tra.1 :8
Ma'p bay ou adrès apòt Pyè. Kounyeya wa'p
trouve'l kay tokay li Simon, yon tannè de kui. Li
rete nan bouk Jope. Tra.10 : 5-6.

V. E ki jan sa te pase

Pyè ale kay Kònèy. Li trouve kaptenn nan déjà
chita ap tann li ansanm ak fanmiy li ak zanmi 'l
pou asiste yon sèvis evanjelizasyon. Li konvèti
devan tout moun e tout vizitè ki te la konvèti
ansanm ak li. Tra.10 :24, 44, 48

Pou fini

Se sèl Jezikri ki te manke'l. Li jwenn li gratis. Konsèy
mwen ta bay ou, fè tankou Kònèy.

Kesyon

1. Ki pi gwo erè anpil moun k'ap mache legliz fè ?
   Yo kwè ke priyè yo ak bon zèv yo kap sove yo.

2. Bay nou yon egzamp.
   Kònèy, yon kaptenn lame women an te kontante'l
   ak priyè ak bon zèv li pou'l sove .

3. Ki jan de moun li te ye ?
   a.   Li te fè zanmi e li tap viv an fanmiy.
   b.   Li te relijye e li te gen krentif pou Bondye.

4. Ki jan vi èspirityèl li te ye ?
   Nanm li te pèdi.

5. Ki sa ki te manke'l pou'l sove ?
   a.   Li te dwe konvèti
   b.   Li te dwe wè ak yon apòt yo pou bay li Levanjil.
   c.   Li te dwe voye chèche'l nan adrès Bondye
        bay li a.

Leson 4
Pòl, ou manke yon bagay

Tèks sou leson an : 1Sam.10 :20-21 ; Mat. 11 :29 ; Tra. 9: 4, 8, 17-18 ; 16 :37-38 ; 21 :39 ; 22 :3 ; Fil.3 :5-6
Tèks pou li nan klas la : Tra. 9 : 1-6
Vèsè pou resite : Leve, antre lavil la. Se la y'a di ou sa ou gen pou fè. Tra. 9 :6
Fason pou fè leson an : Diskou, konparezon, kesyon
Bi leson an : Montre ki jan Lalwa pa kap sove yon nanm.

Pou komanse
Eske nou la pou montre moun diplòm nou ak relijyon nou pou nou kwè nou kap sove yon moun? Pito nou tande sa apòt Pòl gen pou di nou sou kesyon saa :

I. **Men sa li di:**
    1. Mwen te rasis : « Mwen vante tèt mwen pou'm di : mwen se yon Ebre natif natal. Yo te sikonsi'm obout wit jou. ». Fil.3 : 5
    2. Mwen te kwè nan tribi mwen « ki te tribi Benjamen ». Se li ki te bay Sayil, premye wa an Izrayèl e se menm non mwen gen avè'l. 1Sam. 10 :20-21 ; Fil.3 :5
    3. Mwen sitwayen women , konsa tout moun dwe respèkte'm. Tra16 : 37-38
    4. Mwen se moun Tas nan peyi Silisi. Se gwo zafè si'w pat konnen » Tra.21 :39
    5. Mwen fyè de lekòl mwen. Mwen te pase anba dwayen Gamalyèl : Tra.22 :3
    6. Pou'm finn di'w, mwen te yon bigòt. Se farizyen'm ye :

7. Dapre Pòl, lè la'p bat kretyen yo, se Bonde la'p rann sèvis. Fil.3 : 6
   a. Jezi-Kri bay li yon so chwal, li vide'l atè. Tra.9 : 4, 8
   b. Kant li mande Jezi ki sa pou'l fè, Jezi bay li adrès kote pou'l ale pou yo louvri zye'l : Mat.11 :29 ; Tra.9 :6

II. Genyen yon bagay Pòl te manke:

1. La Lwa fè kè'l di. Li vinn avèg. Ac. 9:8
2. Se sèl Levanjil la ki ka retire gwo madriye bwa enkredilite ak zafè relijyon an nan zye'l.
3. Sèl yon kretyen ki kap fè jòb saa. Ananyas, monchè, men jòb ou ! Tra.9 : 17-18

Pou fini

Ananyas ale tou dwat nan adrès Sentèspri voye'l. Li fè Pòl katechis, e li batize'l. Kounyeya zye Pòl louvri, li wè klè. E ou menm zanmi, nan ki adrès le Senyè k'ap jwen ou?

Kesyon

1. Di sa'w konnen de Sòl moun Tas la
   Li te rasis, li kwè nan ras li, nan nasyonalite'l, nan relijyon'l, nan peyi kote'l soti e li te gen anpil ogèy.

2. Ki jan konsyans li te ye ?
   Dapre li menm, lè lap pèsekite kretyen yo, se Bondye l'ap rann sèvis.

3. Ki sa'l te manke ?
   Levanjil la ki pou sove nanm li.

4. Ki moun ki di'l sa ?
   Jezi menm ki te pale avè'l.

5. Ki jan ?
   a. Li bay misye yon so chwal pandan li te sou wout Damas pou'l ale bat kretyen yo.
   b. Bondye pete zye'l.
   c. Li bay li non moun ak adrès pou'l ale pou yo louvri zye'l e di'l après sa pou'l fè.
   d. Li bay li enstriksyon pou jodi ak pou demen

Leson 5
Wa Ozias ou manke yon bagay

Tèks sou leson an : 2 Kwo.26 : 1-21
Tèks pou li nan klas la : 2 Kwo.26 : 16-21
Vèsè pou resite : Men, lè li fin chita pouvwa l' byen chita, lògèy vire tèt li, sa lakòz pye l' chape. Li fè bagay Seyè a, Bondye li a, pa t' ba li dwa fè. Yon jou li antre nan Tanp Seyè a pou boule lansan sou lotèl lansan an. 2Kwo 26 :16
Fason pou fè leson an : Diskou, konparezon, kesyon
Bi leson an: Montre ki jan lajan ak pouvwa ka fè yon moun pa sèvi Bondye.

Pou komanse

Kan yon moun monte wo nan sosyete a , sa bay ou **prèstij.** Men si ou vle monte piwo ke kote Bondye mete'w la, ou kap genyen **vètj.** Se maladi sa ki te frape wa Ozyas lè li te opilan nan pouvwaa.

I.   Ki moun wa Ozyas te ye?

1.   Li menm se te pitit Amatsya, wa nan peyi Jida. Li te vinn wa apre lanmò papaa. Li te gen sèzan (16) lè li chita sou twon nan, nan vil Jerizalèm , e li te dirije peyi a pandan senkantdezan (52). 2Kwo.26 : 1-3

2.   Toutotan li tap pran konsèy nan men Zakari ki te yon sèvitè Bondye , li te fidèl a Bondye e zafè'l te mache trè byen. 2Kwo.26 : 4-5

II. Ki sa li te reyalize

1. Li te dominen Filisten yo e li te menm bati vil sou teritwa yo. Nou kap pran vil Azdòd pou egzanp. 2Kwo.26 : 6
2. Li te bati gwo fò toutotou vil Jerizalèm e menm nan Dezè a. 2Kwo.26 : 9-10
3. Li fè fouye anpil pui pou li jwenn dlo pou bay bèt li yo bwè, pou li devlope agrikilti nan vale yo, nan plenn yo, sou montay yo e menm nan Karmèl 2Kwo.26 :10
4. Li te genyen yon lame ki te byen oganize e li te genyen bon zam. 2Kwo.26 : 11-14
5. Pou fini, li te bay enjenyè'l yo lòd pou yo envante gwo katapil pou choute gwo wòch kont lènmi yo. Konsa, misye te vinn genyen anpil pisans. 2Kwo.26 : 15

III. Ki sa menm ki lakòz li pèdi pouvwaa ?

1. Lòske li vinn pisan konsa, ogèy monte'l si tèlman, li te vle pou'l te vin sakrifikatè tou. 2Kwo.26 :16
2. Li pran lansanswaa e li monte sou lotèl la pou li ofri pafen pou Bondye.
3. Sakrifikatè Azarya mete'l ansanm ak katreven (80) lòt ankò deyè do'l, yo antre nan tanp la e yo mete wa nan wòl li. Yo bay waa madichon e lamenm yo mete waa deyò. Lamenm tou yon maladi lèp frape wa Ozias. 2Kwo.26 :17-20
4. Depi lè saa wa te oblije rete la kay li jouk li mouri.. 2Kwo.26 : 21

Pou fini

Li pèdi ni wayom nan, ni lotèl la. Tout sa paske li te manke yon sèl bagay : **Imilite**. E ou menm, ki sa ki manke'w. Mande Bondye sajès ak imilite lè afè'w bon, pou sak rive wa Ozyas la pa rive 'w.

Kesyon

1. Ki sa ki te fè wa Ozyas te fè anpil pwogrè nan Ren'y li ?
    Li te swiv konsèy Zakari , yon sèvitè Bondye.

2. Ki sa ki kòz li pèdi pouvwaa ?
    Li te genyen lanbisyon pou'l te wa e pou'l te sakrifikatè tou.

3. Ki moun ki te di'l ke sa pa posib ?
    a. Souveren sakrifikatè Azarya ak katreven (80) lòt sakrifikatè dèyè do'l.
    b. Yo mete waa deyò nan tanp la.

4. Ki lè sa fèt?
    a. Kant li te pran lansanswaa pou li ofri pafen sou lotèl la.
    b. Kant sakrifikatè a te blanmen'l , li di'l sa se pat djòb li.

5. Ki sa ki te rive'l ?
    a. Lèp pete sou fontenn li.
    b. Li pèdi twon nan ak la vi'l tou.

6. Ki sa wa Ozyas te manke? Imilite

18

Leson 6
Ana, ou manke yon bagay

Tèks sou leson an : 1Sam. 1 : 1-11 ; 2 : 5, 21 ; 3 : 20 ; 7 : 9-15

Tèks pou li nan klas la : 1Sam. 1 : 9-18

Vèsè pou resite : Li fè Seyè a yon pwomès, li di l' konsa: -Seyè, ou menm ki gen tout pouvwa a, tanpri voye je ou sou sèvant ou a non! Gade lapenn mwen! Si ou pa bliye m', si ou ban m' yon pitit gason, m'ap mete l' apa pou li viv pou ou ase. Li p'ap janm koupe cheve nan tèt li.1Sam.1 : 11

Fason pou fè leson an : Diskou, konparezon, kesyon

Bi leson an : Montre ki jan Bondye sere gwo benediksyon pou moun ki aprann tann.

Pou komanse

Si paske yon moun bèl se sa ki fè'w lèd, si paske yon moun vanyan se sa ki fè'w fèb, si paske yon moun ap fè anpil pitit, se sa ki fè'w pa kap fè pitit, ou gen rezon pou'w ta plenyen. Twòp pale, an nou tande Ana, madanm Elkana.

I.   **Ki pwoblèm li te genyen ?**
   1.   Mari Ana te renmen'l pase tout lòt. 1Sam.1 :8b
        Nan tan saa, Bondye te pèmèt yon nonm te gen anpil fanm pou peple la tè byen vit. 1Sam.1 : 4-5
        a.   Men Ana te genyen yon kotri yo rele Penina. Depi li jwenn ak Ana fòk li moke'l. 1Sam.1 : 6
        b.   Lè konsa Ana kriye, li pa manje e lap megri. Li tonbe fache, li vinn jalou e li pran chagren. 1Sam.1 : 6-7

19

II. Ki jou sityasyon sa chanje ?

1. Se te kant li wè ke li manke yon bagay : Li te dwe **pran yon desizyon.**

    Puiske se Bondye ki bay moun pitit, li pral kote Bondye. Li pral pote plent bay Li. 1Sam.1 : 10

2. Men yon ve li fè devan Bondye :

    a. Si Bondye pran ka li an konsiderasyon.
    b. Si li fè'l ka fè pitit
    c. Si Bondye vle tande'l tout bon.
    d. Se pou'l fè'l kado yon **pitit gason**
        Konsa li va konsakre'l nèt ale a Letènèl
        1Sam.1 : 11

III. Eske nou vle konnen pouki rezon li pat kap fè pitit ?

Se paske lè Bondye an reta, se yon pi gwo **benediksyon la'p pare pou'w.**

1. Ana fè ti Samyèl, ki te vin jij, sakrifikatè e premye profèt nan peyi a ki te pou konsakre premye wa nan peyi Izrayèl. Benediksyon sa yo te chita nan kalandriye Bondye, pèsonn pat kapab fè mekanik ladan.
    1Sam.3 :20 ; 7 : 9-10, 15

2. Menm lè sa tou, tout pitit Penina yo te vin ti sanzave, ti voryen pandan ke Ana te fè senk (5) lòt pitit apre Samyèl. 1Sam.2 : 5, 21

Pou fini

Sa ki manke'w la , se nan men Bondye menm li ye. Vini jwenn li kounyeya, lap tann ou.

Kesyon

1. Ki pwoblèm Ana te genyen
   a. Li pat kapab fè pitit
   b. Kotri li Penina, tap moke'l pou sa
   c. Li tap kriye, li pa manje e li t'ap megri.
   d. Li vin fache, jalou e chagren

2. Ki lè sityasyon'l chanje ?
   a. Kant li te konprann ke'l dwe pran yon desizyon
   b. Se devan Bondye pou'l ale pote plent.

3. Ki sa 'l te fè ?
   Li te fè yon ve a Bondye. Si Bondye bay li yon pitit gason, li va fè Bondye kado'l.

4. Pouki sa li pat kapab fè pitit?
   a. Se paske lè Bondye an reta, se yon pi gwo benediksyon la'p pare pou'.
   b. Paske Bondye fè chak bagay dapre sa ki nan kalandriye pa'l.

5. E ki sa ki te rive ?
   a. Ana te fè ti Samyèl, ki te vin jij, sakrifikatè e premye profèt nan peyi a ki te pou konsakre premye wa nan peyi Izrayèl.
   b. Bondye bay li senk pitit apre ti Samyèl.
   c. Pandan tan saa, pitit kotri'l la te vinn ti sanzave

Leson 7
Naaman, ou manke yon bagay

Tèks sou leson an : 2Wa. 5 : 1-15
Tèks pou li nan klas la : 2Wa.5 : 9-14
Vèsè pou resite : Naaman ale, li plonje sèt fwa nan larivyè Jouden an, jan pwofèt la te di l' la. Po kò l' tounen tankou po timoun. Li te geri nèt. 2Wa.5 :14
Fason pou fè leson an : Diskou, konparezon, kesyon
Bi leson an : Fè tout moun konnen ke pouvwa Bondye pi gwo pase pouvwa lezòm.

Pou komanse
Pi piti fè lonè a prezidan. Pwovèb sa ale byen nan ka Naaman an. Ki sa misye te manke ?

I. Toudabò ki moun Naaman te ye ?
Li te pi gwo jeneral nan lame peyi Siri a. 2Wa.5 :1
1. Pa gen militè ki te konn batay pase'l nan peyi sa. 2Wa.5 :1
2. Li te rich e waa te renmen'l anpil, anpil. 2Wa.5 :1

II. Ki sa li te manke ?
1. Li te gen lèp, yon maladi ki pa gen gerizon. 2Wa.5 :1
2. Li te dispoze bay tout sa'l posède pou maladi sa te soti sou li. 2Wa.5 :5

III. Eske nou kap di'm ki moun ki pral delivre'l ?
1. Se yon ti bòn jwif ki te rete ak madanm Naaman ki di : Si mèt la te ale nan peyi Samari, li ta jwenn gerizon nan men pwofèt la.

Se te dènye chans Naaman tap pran ak maladi saa. 2Wa. 5 : 3

2. La menm, Naaman pran yon viza nan men wa Siri a pou 'l sa jwenn ak wa Izrayèl la, konsa pou li gen dwa wè pwofèt Elize. 2Wa. 5 : 9-10

IV. Men Naaman gen yon bagay li manke:
Li pat genyen imilite.
Li pat vle admèt ke yon sèvitè Bondye pi ro pase'l. 2Wa. 5 : 10-11, 13

1. Pwofèt la mande'l pou'l plonje sèt (7) fwa nan dlo Jouden an pou 'l kap geri. Li pat dakò fè sa. Li pito chwazi ki dlo pou li plonje ladan. 2Wa.5 :12

2. Li te vle montre pwofèt la ke li pa razè, li kap peye trètman an. 2Wa. 5 : 5, 15

3. Antouka, se sa pwofèt la di a ki te bon.

Pou fini
Zanmi'm, ou menm tou, ou genyen yon bagay ki manke'w : Se pou'w bliye kounyeya bèl relijyon'w ak konesans ou pou'w asèpte plonje nan san Jezikri. Se li menm sèl ki kap geri 'w anba lèp peche a.

Kesyon

1.   Ki moun Naaman te ye ?
     Pi gwo jeneral nan lame peyi Siri a

2.   Ki sa ki te manke'l ?
     Gerizon de maladi lèp la ki pat ka trete.

3.   Ki moun ki pral bay li mwayen pou li geri ?
     Yon ti bòn jwif ki te rete ak madanm li.

4.   Ki sa ki te manke"l ? Imilite.

5.   Eksplike
     a.   Li pat dakò pou yon moun Legliz te pi ro pase
          yon moun ki nan gouvèman.
     b.   Li pat dakò ak fason pwofèt la te mande'l pou
          li jwenn gerizon an.
     c.   Li te vle montre pwofèt la ke li te kap peye
          trètman an.

6.   Ki sa bèl dlo Naaman ap pale de li a reprezante ?
     Tout sa nou konnen ak sa nou genyen ki pa kapab
     sove nanm nou.

Leson 8
Farizyen, ou manke yon bagay

Tèks sou leson an: Lik.18 : 9-14
Tèks pou li nan klas la : Lik. 18 : 9-14
Vèsè pou resite : Farizyen an te kanpe apa, li t'ap lapriyè konsa: Bondye, m'ap di ou mèsi dapre mwen pa vòlò, ni visye, ni adiltè tankou lòt yo; mèsi dapre mwen pa tankou pèseptè kontribisyon sa a. Lik. 18 :11
Fason pou fè leson an : Diskou, konparezon, kesyon
Bi leson an : Se pou tout moun ka konnen ke Bondye reponn priyè moun ki fè yo piti devan'l.

Pou komanse
Si yon moun ap tande priyè farizyen an, wa finn konprann ke se yon komisè gouvèmn kap pousiv yon moun yo akize paske li menmn li la pou proteje sosyete a.

I.   **An nou koute misye**
1.   Senyè mwen fè' w konpliman paske ou te fè'm ak de men. Lik.18 :11
2.   Anwetan mwen menm, tout lòt moun yo se volè, sanzave, bandi, adiltè. San ale pi lwen, mwen pa kanmarad pibliken saa ki pèmèt li vinn priye menm lè avè'm. Lik.18 :11
3.   Map di sa byen fò :
     Pa gen moun ki kap pi èspirityèl pase'm. Kite'm ekslike'w:
     a.   Mwen fè jèn de fwa pa semen..
     b.   Mwen bay ladim de tout kòb mwen fè. Lik.18 : 12

Tande byen : farizyen di **tout sa li fè** pou Bondye, men li pa kap di ki **sa Bondye fè nan vi'l.**

Li ap fè konpetisyon nan Levanjil ak yon ti pòv malere ki vinn pote fado'l devan Bondye nan tanp la.

II.   Ki sa ki te manke farizyen an ?

   1.   Li pat genyen lamou pou pwochen'l.
   a.   Lap fè djolè
   b.   Priyè'l te tankou yon bagay sal nan zye Bondye.
   c.   Fason li lapriyè te yon souflèt nan figi pibliken an. Erezman li te di priyè'l la nan kè'l. Lik.18 :11
   d.   Men ou ka konpran nan jès misye tout henk, arogans ak mepriz nan kè'l pou malere pibliken an. . Lik.18 :11
   e.   Li pa genyen respè ni pou Bondye, ni pou moun kanmarad li.
   f.   Nan egzamen konsyans la, farizyen an fè zero. Lè Jezi ap bay kanè, misye pa pase. Lik.18 :14

Pou fini

Na sèlman sonje ke latè se mach pye Bondye li ye Sispann leve tèt nou lè nou devan'l. Tanpou sa an nou kriye : Beni swa Letènèl ! Glwa a Jezi.

Kesyon

1. Ki jan farizyen an te priye?
   a. Senyè mwen fè' w konpliman paske ou te fè'm ak de men.
   b. Anwetan mwen menm, tout lòt moun yo se volè, sanzave, bandi ak adiltè.
   c. San ale pi lwen, mwen pa kanmarad pibliken an
   d. Pa gen moun ki kap pi èspirityèl pase'm.

2. Ki sa ki fè'l kwè li pi èspirityèl pase tout moun?
   a. Li te fè jèn de fwa pa semen.
   b. Li bay Bondye ladim de tout kòb li fè.

2. Ki jan nou wè priyè saa ?
   a. Li resite sa'l fè pou Bondye men li pa kap di ki sa Bondye fè nan li
   b. La'p fè djòlè.
   c. Bondye pa tande priyè saa

3. Ki sa'l te manke ?
   Li pat genyen imilite ni amou pou pw nochen'l.

4. Ki jan Bondye wè kè'l ?
   a. Li te plen ak henk, arogans, e mepriz pou lòt moun.
   b. Li pat genyen respè ni pou Bondye ni pou lòt moun..

5. Konbyen pwen li fè ?
   Jezi bay li zero. Li pa pase.

Leson 9
Kretyen, ou manke yon bagay

Tèks sou leson an : Nonb.11 :1 ; 2Kwo.20 : 6,12 ; Sòm. 8 :3 ; 34 : 20 ; 50 :15 ; 123 : 2 ; Mat. 6 :32 ; Lik. 15 :22 ; Jan.11 : 3-4, 40 ; Ef.6 : 15-21 ; Fil.4 :9, 19 ; 2Ti. 4 : 7-8 ; 1Jan.2 :17
Tèks pou li nan klas la : Fil.4 :12-19
Vèsè pou resite : Bondye ki rich anpil la va ban nou tou sa nou bezwen nan Jezikri. Fil.4 :19
Fason pou fè leson an : Diskou, konparezon, kesyon
Bi leson an : Se pou nou asèpte ke Bondye genyen dwa fè sa'l vle nan vi nou.

Pou komanse

E Bondye ki rich anpil, va bay nou tout sa nou bezwen nan Jezikri. Eske nou dakò ak sa apòt Pòl di laa ? Kretyen, nou mèt kwè'm, genyen yon bagay ou ka manke. Fil. 4 :19

I. Pouki sa?
1. Paske tout bagay yo isiba pa dire. Fòk tout tan Bondye ap renouvle yo. 1Jan.2 :17
2. Paske n'ap toujou genyen bezwen. **Sa ki manke nou an, li nan men papa Bondye.** Mat.6 :32
3. Paske li mande nou pou nou priye pou jwenn sa ki manke nou an. Se repons li yo ki fè nou temwaye byenfè li e bay li glwa. Sòm.50 :15
4. Paske Bondye jwenn glwa li nan zeprèv nou yo e menm nan lanmò nou paske li nan yo tou. Sòm.34 : 20 ; Jan.11 :3-4, 40

28

II. Ki ta dwe atitid nou lè nou bezwen yon bagay? Fil.4 :19

1. Men bagay pou nou pa fè ditou : Nou pa dwe mimire, doute, ni dekouraje. Atitid sa yo fè Bondye fache ak nou. Nonb.11 :1
2. Men sa pou nou fè :
   a. Priye e aji fwa nou nan Bondye sèl. Sòm.123: 2
   b. Bay Bondye lwanj pou sa li ye e sal li fè. Sòm.8 :3
   c. Sonje ke Bondye toujou kenbe pawòl li. 2Kwo.20: 6,12

III. Bondye gen rezon pou pa bay nou yon bagay

1. Lè Ti-madichon an te retounen an, Papaa kouri fè abiye'l, mete soulye nan pye'l, men li pat mete chapo sou tèt li .
2. Papa nou nan syèl la abiye nou ak manto gras li ak jstis li. Li mete soulye pèseverans la nan pye nou. Tout sa yo gratis. Ef.6 : 15
3. Yon sèl bagay ki manke nou : se kouwòn nan. Sila fòk nou travay pou li pou nou genyen'l. Lik.15 : 22 ; Ef.6 : 15 2Ti.4 :7-8

Pou fini

Bondye genyen kouwòn nan rezève pou moun ki lite e ki genyen viktwa. Kretyen, an nou lite pou sa ki manke nou an.

Kesyon

1. Pouki sa nou di kretyen yo manke yon bagay ?
   a. Paske tout bagay isiba bezwen renouvle.
   b. Paske n'ap toujou genyen bezwen.
   c. Paske fòk nou priye Bondye pou nou jwenn yo.
   d. Paske eprèv nou yo se yon rezon pou nou wè entèvansyon Bondye nan la vi nou.

2. Ki jan pou nou aji kant nou pa genyen yon bagay?
   a. Nou pa fèt pou mimire, ni doute, ni dekouraje.
   b. Nou dwe priye e mete fwa nou nan Bondye sèl
   c. Nou dwe loure Bondye.
   d. Nou dwe sonje sa li te konn fè pou nou déjà.

3. Di'm sa ki te manke ti madichon an ki te vinn konvèti a.
   Papaa pat bay li chapo. Sali a gratis, men si'w vle genyen kouwòn nan, fòk ou travay pou li.

4. Montre ki jan Bondye aji nan bezwen nou.
   a. Apeti, somèy ak gerizon nou soti anwo.
   b. Lapè, Sali a, pwotèksyon nou soti anwo. Entelijans, profi ak la vi nou soti anwo.

5. Vre ou fo.
   a. Nou pa bezwen priye paske Bondye konnen tout sa nou bezwen__ V_ F
   b. Bondye pa la pou'l antre nan zafè pèsonn. _V_ F
   c. Se moun ki pa genyen anyen pou yo fè k'ap plede lapriyè _ V _ F
   d. Bondye mande nou pou nou mande'l sa nou bezwen. _ V _ F

Leson 10
David di li pa manke anyen.

Tèks sou leson an : Sòm. 23 : 1-6 ; 80 :1 ; Mat. 15 :24 ; 28 : 18-20 ; Mak.16 :17 ; Lik. 10 : 19 ; 22 : 35 ; Jan.10 : 16 ; Ro. 5 :1 ; 2Co.5 :20 ; 1Pyè.2 : 9 ; Eb, 13 :5
Tèks pou li nan klas la : Sòm. 23 : 1-6
Vèsè pou resite : Senyè a se gadò mwen, mwen p'ap janm manke anyen. Sòm. 23 :1
Fason pou fè leson an : Diskou, konparezon, kesyon
Bi leson an : Glorifye Bondye nan la vi yon nonm ki lage'l nèt sou kont Bondye.

Pou komanse
Pandan David chita nan pye Letènèl, li rete san fwa pou di : Kant a mwen menm, mwen pa genyen anyen ki manke'm. Disip Jezi yo te kap di sa tou. Eske se yon deklarasyon ke nou kap diskite ?

I.   **Ki sa Letènèl ye e ki sa Jezi ye?**
1.   Letènèl se bèje Izrayèl. Sòm. 80 :1
     David reklamen'l pou bèje'l. Sòm. 23 :1
2.   Jezi di li se bèje brebi pèdi yo ki nan ras Izrayèl. Mat.15 :24
     Li mete'l deyò pou rasanble tout brebi ki pèdi tou patou. Jan.10 :16

II. **Ki moun David te ye e ki moun disip yo te ye ?**
1.   David pa janmen pale de richès li ni de gwo lame li te genyen pou te proteje'l. Li di'w
     « Letènèl se Bèje pa'm»

    a. Mwen manje e mwen bwè ak Bondye. Sòm.23 : 2

    b. Mwen pa fè yon pa san Bondye. Sòm.23 : 3-4

    c. Mwen manje nan tab gani Bondye ak Bondye. Sòm.23 :5

    d. Mwen pran bèl kwafi nan salon Bondye. Vè'm nan menm, m'ap bwè ji ak Bondye. Sòm.23 :5

    e. Bonè ak gras Bondye ak mwen tout kote'm pase. Se kay Bondye ki adrès mwen pou tout vi mwen. Sòm.23 :6

2. **Ak Jezi, disip yo pat manke anyen :** Lik.22 :35

Yo genyen lavi pou toutan, yo genyen lapè, lajwa, pwoteksyon ak pisans Sentespri a tou. Yo genyen otorite sou Dyab la, sou tout kote lènmi an ap fonksyonen.

Mat.28 : 18-20 ; Mak.16 : 17 ; Lik 10 : 19

III. Ki moun nou menm nou ye ?

1. Nou menm se pechè pèdi ke Jezi sove, ki soti anba kondanasyon gras a lafwa. Ro. 5 :1

2. Nou menm se ras Bondye chwazi, yon bann prèt kap sèvi waa, yon nasyon kap viv apa pou Bondye, reprezantan Jezi-Kri.

2Kor.5 :20 ; 1Pyè.2 :9

Pou fini

Kontante'w de sa'w jwenn nan Jezikri. Eb.13 :5

Kesyon

1. Pouki sa David te di li pa genyen anyen ki manke'l?
   Paske Letènèl se bèje'l

2. Fè nou wè sa :
   a. Li manje e li bwè ak Bondye.
   b. Li pa fè yon pa san Bondye.
   c. Li manje nan bankè ak Bondye.
   d. Li pran bèl kwafi nan salon Bondye.
   e. Bonè ak gras Bondye ap swiv li tout kote'l pase.

3. Pouki sa disip yo te di tou yo pa manke anyen?
   a. Paske yo te jwenn nan Jezi byen ki pap janmen fini.
   b. Ak Jezi, yo jwenn la vi ki pap janmen fini an e yo genyen lapè, lajwa, pwoteksyon, pisans sou Dyab la mete sou li.

4. Dapre leson saa ki moun nou ye ?
   a. Pechè ke Jezi sove.
   b. Nou se yon ras chwazi, prèt pou fè sèvis li, yon pèp apa, yon nasyon apa, e reprezantan Jezi-kri

Leson 11
Soti nan Dezè a pou monte sou Kalvè

Tèks sou leson an : Mat. 4 :1-10; 13 :55 ; Mak. 3 :21 ;
Lik.4 : 13 ; Jan. 1 :1 ; 6 :51 ; 18 :36 ; 12 :32 ; Fil.2 : 9
Tèks pou li nan klas la : Mat. 4 : 1-10
Vèsè pou resite : Jezi reponn li: Men sa ki ekri tou: Ou
pa dwe seye sonde Mèt la, Bondye ou. Mat. 4 : 7
Fason pou fè leson an : Diskou, konparezon, kesyon
Bi leson an : Raple kretyen yo ke yo dwe rele Bondye
pou tout desizyon y'ap pran.

Pou komanse
Avan Jezi te kalifye pou li te Mesi pou sove nou,
Sentespri a mennen'l nan yon Dezè pou li kontre ak
yon move zespri. Ki jan egzamen sa pral soti ?
Mat.4 : 1

I.   **Jezi te kap chwazi pou'l fè wòch tounen pen.**
1.   Konsa li t'ap ka nouri lemonn antye. Sèlman li
t'ap genyen rayisman boulanje yo ak bòs
mason yo. Lè sa li ta dwe di : « Mwen menm
se wòch lavi » men li pa t'ap janmen kapab di
« **Mwen menm se Pen ki bay la vi a ki soti
nan syèl**. » Jan.6 :51
2.   Li voye lide sa jete. Mat.4 :4

II.   **Li te kap monte sou tèt yon kay lage kò'l anba
devan tout moun nan vil Jerizalèm.**
Mat. 4 : 5-6
1.   Tout moun ta aplodi'l, men sa tap rete la nan
vil la **e fè wè pa dire**. Li ta plis sanble ak yon
majisyen wòwòt. Dyab la te mennen 'l men li
pat kap gouvènen'l ni chanje'l. Mat.4 :5

34

Tan pousa, Jezi chwazi pou'l monte sou bwa
Kalvè pou li atire tout moun a li. Jan.12 :32

2. Li voye vye lide sa jete tou.

III. Li te kap chwazi pou fè tout moun konnen ke li menm se li ki te kreye syèl ak latè. Jan.1 :1

1. Sèlman eske tout moun pa déjà konnen ke li menm se pitit yon bòs chapant, ke Mari se manman'l e menm tout frè li ak sè li yo la devan tout moun? Menm paran'l yo t'ap pran'l pou yon moun fou. Mat. 13 :55 ; Mak. 3 :21

2. Jezi pa genyen anyen arevwa ak Satan. Finalman li voye tout lide sa yo jete.
Pita li kap di : « **Wayòm mwen pa nan monn sa. »** Jan.18 :36

Pou fini

Dyab la te retounen ankò de tanzantan. Sa pat mache pou li. Men nan dènye match sou bwa kalvè a, Jezi te chanpyon. Se poutèt sa Papaa leve'l nan yon otè ki pi wo nètale ! Kretyen, an nou vote pou Jezi ! Lik.4 :13 ; Fil.2 : 9

Kesyon

1. Ki sa Sentespri a fè pou kalifye Jezi tankou Mesi pou sove le monn ?
Li mennen'l nan yon Dezè pou'l kontre ak Dyab la.

2. Nan ki sijè Jezi te genyen pou'l konpoze ?
   a. Pou'l te fè wòch tounen pen
   b. Pou'l monte sou tèt kay e lage kò'l anba
   c. Pou'l al angaje ak Dyab la pou'l genyen richès

3. Pouki Jezi te kenbe tèt ak Dyab la?
Paske li pat vini pou'l te bay oken cho pou fè Satan plezi.

4. An nou wè ki sa Jezi renmèt nan fèy ezamen an.
   a. Li di : « mwen menm se Pen ki bay la vi a ki soti nan syèl.
   b. Kan mwen va monte sou bwa kalvè a m'va atire tout moun a mwen.
   c. Wayòm mwen pa nan monn saa.

5. Chwazi pi bon repons la :
   a. Jezi te tante nan tout bagay, men li pat komèt **gwo peche**.
   b. Jezi pat tante tout bon vre, se sa ki fè li pat peche.
   c. Jezi pa janmen peche.

Leson 12
Soti sou bwa kalvè monte nan laglwa

Tèks sou leson an : Eza.53 : 1-7 ; Jan. 7 :46 ; 12 :28-31 ; 16 :33 ; Wom.14 :9 ; Eb. 2 : 2, 14
Tèks pou li nan klas la : Eb. 12 : 1-4
Vèsè pou resite : Ann kenbe je nou kole sou Jezi. Se nan li konfyans nou soti, se li menm tou k'ap kenbe nou nan konfyans sa a jouk sa kaba. Li kite yo fè l' soufri sou kwa a. Li pa pran wont sa a pou anyen, paske li te toujou chonje apre l' te fin soufri a, Bondye t'ap fè kè l' kontan. Kifè koulye a li chita sou bò dwat fotèy Bondye a.. Eb. 12 :2
Fason pou fè leson an : Diskou, konparezon, kesyon
Bi leson an : Envite tout kretyen pou yo ansosye yo a Kris nan viktwa li sou bwa Kalvè.

Pou komanse
Men yon seremoni gradyasyon, mwen poko janmen wè konsa ! Jezi resevwa yon trofe de glwa sou Dya la, sou lanmò ak monn saa. Jan.16 : 33 ; Wom.14 :9 ; Eb.2 :14

I.   **Sa te fèt paske li te genyen yon viktwa total**
Avan li monte sou kwaa, li voye yon telegram bay Papa a pou'l konnen koman match la pral jwe.
Papa a di : « Mwen te glorifye'l, se atò m'pral glorifye'l». Jan.12 :28
1.   *Mwen te déjà glorifye'l nan gwo mirak li te fè ke pèsonn pat ka fè :*

a. Gerizon avèg ki te fèt je pete. Jan.9 :17
b. Gerizon maladi lèp ki pat janmen gen trètman. Lik.17 :12-14
c. Leve moun mouri tankou Laza ak pitit vèv nan bouk Nayin nan. Jan.11 :43-44
d. Miltiplikasyon pen pou milye moun manje. Jan. 6 : 11-12
e. Li fèmen bouch tanpèt. Mat. 8 :23-27
f. Li gen viktwa sou demon ak tout zonbi bosal. Mat. 12 :43
g. Ansèyman li fè tout moun met men sou bouch yo. Jan.7 : 46

2. *Papa a di « Se atò m'ap glorifye'l :*
Lè Jezi tande pawòl sa, li poko menm monte sou kwa, li kriye lagan y ak viktwa'l chita nan pla men'l. La menm li di : « Satan, ou pèdi batay ! Jan.12 : 31
Se sa ki te sèvi'l tankou yon **anèstezi, menm si li vèse tout san'l li pa janmen plenyen .**
a. Yo imilye'l devan tout moun. Yo avili'l. Yo mete kouwòn pikan sou tèt li, yo kalote'l, yo bat li devan tout moun. Yo fè yon vòt pou lage yon prizonye, se bandi a ki pase. Mat. 27 : 21-31
b. Yo kloure'l sou yon kwa nan mitan de (2) gwo vòlè. Nou pa fin di tout bagay.
Mat. 27 : 38
Li pa rache yon mo !
Tout sa, se paske li konnen glwa ki rezève pou li a pa lwen pou'l rive ! Eza. 53 :7 ; Eb.12 : 2

Pou fini

E puiske li chanpyon, li leve vivan nan lanmò pou nou, li kapab avèti nou konsa: « Nou pral genyen tribilasyon nan monn sa., men kenbe fèm, m'ap tann nou nan dènye lin nan lè match la fini. » Jan.16 :33
An nou pran viktwa sa pou tèt pa nou !

Kesyon

1. Ki dènye ezgzamen Jezi te gen pou'l pase?
   Pou'l monte sou bwa kalvè a san pale ni plenyen

2. Ki sa papaa te vle di kant li di : Mwen te glorifye'l déjà ?
   Sa vle di ke Jezi te reyisi montre a tout moun sou latè ke se Bondye li ye.

3. Ki sa Papaa te vle di kant li di: « Se atò m'pral glorifye'l ?

   Jezi pral chanpyon menm si match la a pral di.

4. Fè yon komantè sou viktwa saa
   a. Malgré tout imilyasyon li pase, li pa janmen rache yon mo.
   b. Papa te déjà di'l ke se li ki pral genyen match la sou Dyab la, sou le monn ak mouche lanmò.
5. Ki sa viktwa Kris la vo pou nou ?
   Viktwa pa nou an déjà asire.

Lis vèsè yo

1. Jezi reponn li: Sa m'ap di ou la a, se vre wi: Pesonn pa ka antre nan Peyi kote Bondye Wa a si li pa fèt nan dlo ak nan Sentespri.: Jan. 3 :5

2. Jezi gade nonm lan, li renmen l', epi l' di li: -Yon sèl bagay ou manke: Ale vann tou sa ou genyen, separe lajan an bay pòv. Apre sa, wa gen yon richès nan syèl la. Epi vin swiv mwen.
Mak. 10 : 21

3. Koulye a, voye moun lavil Jope, fè y' al chache yon nonm yo rele Simon (li gen yon ti non Pyè).
Tra. 10 : 5

4. Leve, antre lavil la. Se la y'a di ou sa ou gen pou fè.
Tra. 9 :6

5. Men, lè li fin chita pouvwa l' byen chita, lògèy vire tèt li, sa lakòz pye l' chape. Li fè bagay Seyè a, Bondye li a, pa t' ba li dwa fè. Yon jou li antre nan Tanp Seyè a pou boule lansan sou lotèl lansan an.
2IKwo. 26 :16

6. Li fè Seyè a yon pwomès, li di l' konsa: -Seyè, ou menm ki gen tout pouvwa a, tanpri voye je ou sou sèvant ou a non! Gade lapenn mwen! Si ou pa bliye m', si ou ban m' yon pitit gason, m'ap mete l' apa pou li viv pou ou ase. Li p'ap janm koupe cheve nan tèt li.1Sam. 1 :11

7. Naaman ale, li plonje sèt fwa nan larivyè Jouden an, jan pwofèt la te di l' la. Po kò l' tounen tankou po timoun. Li te geri nèt.. 2Wa.5 : 14

8. Farizyen an te kanpe apa, li t'ap lapriyè konsa: Bondye, m'ap di ou mèsi dapre mwen pa vòlò, ni visye, ni adiltè tankou lòt yo; mèsi dapre mwen pa tankou pèseptè kontribisyon sa a. Lik. 18 : 11

9. Bondye ki rich anpil la va ban nou tou sa nou bezwen nan Jezikri.. Fil.4 :19

10. Seyè a se gadò mwen, mwen p'ap janm manke anyen. Sòm. 23 :1

11. Jezi reponn li: Men sa ki ekri tou: Ou pa dwe seye sonde Mèt la, Bondye ou. Mat. 4 :7

12. Ann kenbe je nou kole sou Jezi. Se nan li konfyans nou soti, se li menm tou k'ap kenbe nou nan konfyans sa a jouk sa kaba. Li kite yo fè l' soufri sou kwa a. Li pa pran wont sa a pou anyen, paske li te toujou chonje apre l' te fin soufri a, Bondye t'ap fè kè l' kontan. Kifè koulye a li chita sou bò dwat fotèy Bondye a.. Eb. 12 : 2

TÒCH KI PA RETE AK OKENN TÒCH

Dife Tou Limen 21 - Seri 2

RENMEN MOUN KI LENMI'W

Avangou

Renmen lènmi'm menm ! Ak ki moun Jezi ap pale la ?
Sa li di la, eske se pou Jwif yo, pou Ayisyen yo, pou
ameriken yo ou pou tout moun tou patou ? Ki jan sa
ka fèt pou yon moun renmen lènmi'w ?
Nou pa t'ap kapab reponn twa (3) kesyon sa yo si Jezi
ki mèt la, pa te wè posiblite pou sa te fèt e ki jan pou sa
ka fèt.

Lènmi yo n'ap pale de yo a, se moun tout bon yo ye ki
pa dakò ak anyen ki soti de nou, ak pwensip nou, ak
tanperaman nou.
Ki jan pou nou arive renmen yo ? Jezi gen repons la.
Sa pa vle di ke nou kap kole sou tout moun. Moun sa
yo ap fè demach pou nou pèdi nanm nou. An nou
koute sa Jezi gen pou di nou. Tanpri, pa kite klas la.

Mwen di nou tout bonjou.

Pastè Renaut Pierre-Louis

Leson 1
Lènmi nimewo en (1) : Dyab la

Tèks sou leson an : Jen.1 : 2, 26-28 ; 3 :16-19 ; Sòm.91 :1 ; Mat. 7 :13 ; 26 :41 ; Jan. 3 :16 ; Ef.6 :11-12 ; 1Jan.2 : 17 ; Rev.12 :10 ; 19 :20
Tèks pou li nan klas la : Ef .6 : 11-17
Vèsè pou resite : Pran mete sou nou tout kalite zam Bondye ban nou pou nou ka kenbe tèt anba riz Satan. Ef 6 :11
Fason pou fè leson an : Diskou, konparezon, kesyon
Bi leson an : Se pou nou pran gad nou ak riz Dyab la.

Pou komanse
Depi nan Jaden Eden nan, Satan ap atake lòm e lap bat pou 'l separe'l ak Bondye. Pouki sa?

I. **Li jalou sò nou.**
    1. Bondye te vide Lisifè anba nan labim ak tou zanj rebèl yo. Eze. 28 : 15-16
    2. Lè saa, latè poko te gen moun ladan, paske dapre sa Sentespri a te rapòte, latè te san fòm, li te vid e li te nan fè nwa tout patou. Jen.1 : 2
    3. La menm, Bondye fè limyè parèt, e li deside pou'l kretye moun ki va vini ansosye'l pou jere latè. Jen.1 :26
    4. Lè Satan wè ke li pa gen lòjman sou planèt la, Li vin jalou e li deside pou'l pèsekite lòm.

II. **Li rayi nou**
    Li pa vle lòm gen dwa sou li. Li refize obeyi'l Jen.1 :28

44

III. Li komanse devlope yon vanjans kont Bondye.

1. Li voye move zepri pou pèsekite lòm, pou'l dezobeyi Bondye, apre sa, se li menm ki pral akize lòm devan Bondye.
Ef.6 : 11-12 ; Rev.12 :10

IV. Eske nou ka renmen Satan ?

1. Janmen ! Men depi li komanse pèsekite'w, ou kouri chèche pwoteksyon anba Bondye.
Sòm.91 :1

2. Jezi di nou pou nou veye e priye pou nou pa tonbe nan tantasyon , pou Satan pa fini ak la vi nou e jete nou nan pèdisyon.
Mat. 7 :13 ; 26 : 41

3. Nou wè ki jan li fè Adan ak Ev chite. Jouk kounyeya, lemonn antye ap sibi konsekans la.
Jen.3 : 16-19

   a. Erezman, Bondye ki tan renmen nou, li vin sove nou e li bay nou de preferans yon paradi anwo nan syèl la. 1Jan.2 :17 Ap.19 :20

   b. Satan ap toujou pèdi paske gen anpil moun ki vinn konvèti, se kouri y'ap kouri vinn jwenn Jezi pou yo pa tonbe anba grif Satan. Men ki jan yo jwenn la vi ki pap fini an. Jan.3 :16

Pou fini

An nou rayi sa ki mal e renmen Bondye.

Kesyon

1. Pouki sa Satan ap pèsekite nou ?
   Paske 'l jalou pou privilèj n'ap jwi nan Bondye

2. Ki jan li konpote'l devan lòm ?
   Li refize obeyi'l

3. Ki jan li vanje'l de Bondye ?
   Li fè lòm peche.

4. Ki jan de sèvis Satan rann nou ?
   a. Pèsekisyon'l yo fè nou kouri chèche pwoteksyon anba papa Bondye.
   b. Li fè nou kouri konvèti.

5. Eske nou dwe renmen Satan ?
   Non.

6. Ki sa nou kap di pou fini ?
   Nou dwe renmen Bondye e rayi sa ki mal.

Leson 2
Lènmi nimewo de (2) : Tèt pa nou

Tèks sou leson an : Wòm. 3 :10-11 ; 6 :23 ; 7 :15-23 ; 8 :1 ; Ef.2 :8-10 ; Gal.2 :20 ; Kol.2 :14 ; 1Jan.1 :7 ; 2 :1
Tèks pou li nan klas la : Kol. 2 : 10-17
Vèsè pou resite : Li chire papye kote tou sa nou te dwe l' yo ekri a. Papye sa a te kondannen nou devan lalwa. Kris la detwi l' nèt lè li kloure l' sou kwa a.
Kol. 2 :14
Fason pou fè leson an : Diskou, konparezon, kesyon
Bi leson an : Se pou nou aprann dominen move lide ki nan tèt nou.

Pou komanse
Mwen tonbe ap reflechi m'ap mande « ki jan pou'm ta kapab yon lènmi pou tèt pa'm ? Eske'm te kap vle wè mal pou tèt pa'm ? Lapòt Pòl di wi. E byen, an nou wè sa:

I. **Lènmi an se nan kè nou li chita. Li rele peche.**
    Wom 7 : 17
    1. Li fè nou fè mal san nou pa ta vle.
        Wom. 7 : 15, 19
    2. Li mete move lide nan tèt nou pou nou fè sa ki mal malgre tout jefò nou fè. Wom 7 : 23
    3. Nou pa gen kontwòl tèt nou. « Nou wè nou pa kapab fè anyen ki bon ». Wom.7 :18
    4. Alafen peche a lakòz nou mouri, ki vle di nou separe ak Bondye.Wom. 6 :23

II. Ki jefò nou fè pou wete péché ?
1. Nou fè zèv. Yo bon vre, men yo pa kapab sove nou, paske jefò lòm pa ka sove'l. Ef. 2 :8-10
2. Nou bat pou obsève di komandman. Nou pa kapab, paske Pawòl Bondye a di " Pa gen pèsonn ki jis. Wom.3 : 10-11
3. Alafen nou rele anmwe, n'ap mande ki moun ki pral delivre nou anba kò saa k'ap mennen nou nan lanmò ? » Wom.7 :24

III. Erezman Jezi vinn sekoure nou.
1. Li pran peche nou te eritye nan Adan an, li **kloure' l sou kwaa.** Kol.2 : 14
2. **Peche pèsonèl** nou te fè yo, li lave yo ak san 'l. 1Jan.1 :7
3. Kounyeya, pa gen okenn kondanasyon pou nou ki nan Jezi-Kri. Wom.8 :1
4. Si nou ta peche, nou pran Kris pou avoka nou, pou'l sa delivre nou. 1Jan.2 :1

Pou fini

Ogèy ou ka kondanen'w. Renmèt Jezi vi'w . Sa pap pran tan pou'w di ak Apòt Pòl : « Si m'ap viv, se pa mwen menm kap viv, se Kris k'ap viv nan mwen. Gal.2 :20

Kesyon

1. Ki jan pou'm ta ka lotè ke'm pèdi? Si'm kite peche
   a fè kalòj li nan nanm mwen

2. Ki sa ki rive'm ?
   Peche a kontwole lavi'm e li lakòz mwen mouri, sa
   vle di, mwen separe de Bondye.

3. Ki jefò'm fè pou'm soti anba malediksyon saa ?
   a. Mwen fè zèv.
   b. Mwen bat pou'm obsève di komandman

4. E ki sak rive ? Jefò saa pa itil mwen anyen

5. Ki moun ki vin delivre'm ?
   Jezi-Kri

6. Ki jan ?
   a. Li mouri sou kwaa nan plas mwen pou peche
      Adan an ki sou mwen.
   b. Li lave'm de peche ke mwen menm mwen
      komèt.

Leson 3
Lènmi nimewo twa (3): Lògèy

Tèks sou leson an :   Jij. 20 : 21,25,35, 46 ; Sòm. 138 :6 ; Pwo. 16 :18 ; Ekl.2 :10-11 ; Mat. 6 :1 ; Lik.18 : 13-14 ; 1Kor.13 : 5 ; 2Ti. 4 : 3-4 ; Jak. 2 : 1-4 ; 4 : 10
Tèks pou li nan klas la : Jak. 4 :5-10
Vèsè pou resite : ¶ Wi, Seyè a anwo nan syèl la. Men, li wè moun ki soumèt devan li. Li rete byen lwen, li rekonèt moun k'ap fè grandizè yo. Sòm. 138 :6
Fason pou fè leson an : Diskou, konparezon, kesyon
Bi leson an : Di kretyen yo pou yo pringa yo ak lògèy.

Pou komanse
Dapre mwen lògèy se pa yon bagay ki pwòp ditou. Se yon vye tenten li ye. Louvri bib la ak mwen e'w va wè.

I.   **Ki sa lògèy la fè**
1.   Li fè'w sèvi ak moun pou satisfè tèt pa'w, men ou pa renmen moun nan tout bon vre. 1Kor.13 :5
     a.   Ou toujou vle yo sèvi'w avan tout moun e ou toujou ap goumen pou plas devan nan tout bagay. Jak.2 :1-4
     b.   Depi yon rad ou yon oto alamòd ou vle fè eksè pou genyen'l menm si li chè anpil, sa pa fè anyen, paske ou vle yo pale de'w. Ekl.2 :10-11

          Nan nenpòt reyinyon ou vle se ou menm ki gen dènye mo pou di, tankou ou te genyen repons pou tout kesyon.

          Ou aji mal e ou vle se ou menm pou yo bay rezon, sitou ou genyen bon agiman pou sa.

Moun ogèye a toujou ap chèche desann moun e li ka touye'w ak move pawòl. Mat.6 :1

2. Li pap fè èskiz e li pap touve èskiz pou pèsonn.

An nou wè sak te pase nan tribi Benjamen.

a. Gen yonn pami yo ki fè yon bagay ki wonte.

b. Lòt tribi Izrayèl yo mande pou koupab la prezante pou yo pini'l. Tanpou yo fè sa, yo pito kase batay.

c. Sa la kòz yon lagè pete : Benjamen te gen vennsenk mil (25,000) moun ki mouri e Izrayèl te genyen karant mil (40,000) ki mouri. Antotal tribi Benjamen an lakòz swasant senk mil (65,000) moun mouri pou yon èskiz yo te refize fè. Jij.20 : 21,25,35, 46

3. Moun ogèye a kwè ke si li sèl ki gen dwa ofanse moun, men pèsonn pa gen dwa ofanse'l.

II. Lògèy la se yon maladi nan nanm.

Moun ògèye a enterese a relijion, a pwogram men li pa sou bò Bondye vre. 2Ti.4 : 3-4

III. Ki jan Bondye wè moun ògèye a ?

1.Li pran distans li avè'l. Sòm.138 : 6
2.Li pa koute priyè'l. Lik.18 : 13-14

Pou fini

Moun ògèye a gen pou'l fini mal. Konsèy mwen ta bay' ou, se pou'w imilye'w devan Senyè a . Ou mèt kwè'm l'ap bay ou le bra pou mete'w kanpe.
Pwo.16 :18 ; Jak. 4 :10

Kesyon

1. Sa amou pwòp la ye ?
    Se lògèy

2. Ki jan moun ògèye a ye ?
    Se tèt pa'l sèlman li renmen..

3. Bay nou kèk egzanp :
    a. Li toujou ap goumen pou premye plas.
    b. Li vle pase pou premye nan tout bagay.
    c. Menm si'l gen tò, li vle yo bay li rezon.
    d. Li pap fè èskiz e li pap asèpte èskiz pèsonn.

4. Sa ògèy la ye nan la vi èspirityèl ?
    a. Se yon maladi nan nanm.
    b. Moun ògèye a gen plas nan vi 'l pou relijyon ak
        pwogram men li pa gen plas ladan pou Bondye

5. Ki jan Bondye gade moun ògèye a ?
    a. Li pran distans ak li
    b. Li pa koute priyè'l

6. Ki jan moun ògèye a ap fini ?
    L'ap fini mal

Leson 4
Lènmi nimewo kat la (4): se inyorans

Tèks sou leson an : Lev. : 5 :15 ; Sòm. 1 : 1-3 ; Ekl.5 :6 ; Oze.4 : 4-10 ; Mat. 11 :28-29 ; 1Kor.6 :19-20 ; Ef.2 :22 ; 4 :27
Tèks pou li nan klas la : Oze. 4 : 4-10
Vèsè pou resite : Pèp mwen an ap fini, paske li pa konnen mwen. Prèt yo voye tou sa mwen te moutre yo jete. Se konsa, mwen menm tou, mwen p'ap rekonèt yo pou prèt mwen ankò. Yo voye tou sa mwen menm, Bondye yo a, mwen te moutre yo a jete. Mwen menm tou, m'ap voye pitit yo jete.. Oze.4 : 6a
Fason pou fè leson an : Diskou, konparezon, kesyon
Bi leson an : Ankouraje kretyen yo pou yo li bib la pou yo genyen fòmasyon.

Pou komanse
Si 'w ta vle detri yon moun, yon pèp ou yon nasyon, yon sèl bagay ou bezwen fè: Pa bay li okenn edikasyon.

I. **Ki sa inyorans ye ?**
    Diksyonè Larous di : inyorans se yon mank jeneral de konesans.. Li kap tou yon mank eksperyans nan yon bagay. Konsa, ou pa kapab di ke moun nan sòt nèt ale.

II. **Ki konsekans sa genyen lè yon moun sòt ?**
    1. Li kap detri sa li ta dwe proteje.
        a. Pa egzanp, li kap detrui kò a, ki bitasyon Bondye. 1Kor.6 :19-20.
        b. Li kap detrui nanm nan ki se yon lòt propyete Bondye. Ef.2 :22

    c. Nan zafè pa konprann nou an, nou kap kòz Dyab la antre sou nou. Ef.4 : 27

2. Nou kap kòz nou kondannen pwòp tèt pa nou san nou pa konnen e san nou pa ta vle. Lev.5 :15

3. Nou kap konprann yon bagay mal e nou kap fè moun ri sou nou devan lòt moun. Ekl.5 :6

4. Nou kap kòz moun pa apresye nou menm jan ankò paske yo dekouvri ke nou pa gen yon konesans pi pasab pase sa. Ekl.5 :6

5. Se sa ki fè Letènèl pale nan pwofèt Oze pou li di : Pèp mwen an detrui fòt de konesans. » Oze.4 :6

    a. Li repwoche pèp la pou neglijans li fè : Li pa li bib la, li pa medite'l lan nwit kon jou, e li pa mete'l anpratik.
    Oze. 4 :6 ; Sòm.1 : 2-3

    b. Sepoutèt sa, Bondye rejte yo e li pa bay yo dwa fè sèvis sou lotèl li ankò. Oz.4 : 6

    c. Li kite yo pou kont yo nan move vi y'ap mennen. Oz. 4 :10

Se yonn nan rezon pou nou bat pou'n gen konesans, pou nou renmen tout moun menm si li sòt, men sonje ke inyorans koute pi chè pase edikasyon.

Pou fini

Jezi di nou , vin jwenn mwen. Pran enstriksyon 'm bay nou pou nou kap sove. Pap genyen okenn èskiz nan denye jou a. Mat.11 :28-29

54

Kesyon

1. Ki sa' w ka fè pou' detrui yon moun san ou pa manyen'l ?
   Kite'l viv nan inyorans

2. Sa inyorans la ye ?
   Mank konesans.

3. Di nou 4 konsekans inyorans la
   a. Ou kap detrui sa' w ta dwe pwoteje.
   b. Ou kap kondannen tèt ou san'w pa konnen e san'w pa ta vle
   c. Ou kap kòz moun pa apresye'w jan'w ta vle.
   d. Ou kap detrui tèt ou san'w pa ta vle.

4. Ki konsèy ou ta kap bay a yon moun ki manke konprann ?
   Pou li degaje'l al aprann

5. Pouki sa ?
   Paske inyorans koute pi chè pase edikasyon.

Leson 5
Lènmi nimewo 5: Moun ki pa dakò ak pawòl nou

Tèks sou leson an : Ney. 1 :11 ; 2 : 5-10 ; 4 : 3-9 ; 5 : 19 ; 6 :1-9, 15 ; 13 :7-14, 22, 31 ; 1Tes.5 :17
Tèks pou li nan klas la : Ney. 2 : 17-20
Vèsè pou resite : Mwen reponn, mwen di yo: -Se Bondye nan syèl la k'ap fè nou reyisi nan sa nou vle fè a. Nou menm ki sèvitè Bondye, nou pral konmanse rebati l'. Men nou menm, moun lòt nasyon, nou pa gen ankenn dwa sou lavil Jerizalèm. Nou pa gen anyen pou nou wè nan sa. Pesonn pa janm nonmen non nou nan koze lavil Jerizalèm.. Ney. 2 : 20
Fason pou fè leson an : Diskou, konparezon, kesyon
Bi leson an : Montre ki jan pou nou konpòte kan yon moun pa dakò ak sa nou di.

Pou komanse
Ki jan pou nou fè renmen moun ki pa dakò ak sa nou di ou byen sa n'ap fè ? Se te pwoblèm Neyemi

I. **An nou wè sa ki te mache pou li**
    1. Li te konn sèvi bwèson a wa Atazeksès. Pozisyon saa te fè'l benifisye yon visa miltip pou'l rantre Jerizalèm pou'l sa rebati miray vil la. Ney.1 :11
    2. Dabò menm, se waa ki te bay li lajan pou pwojè a. Ney.2 : 7-8.

II. **An nou wè pwoblèm li pra'l genyen**
    Depi li mete pye nan peyi Jerizalèm, tout gwo zotobre yo, mete anpèchman pou pwojè a pa fèt.

56

1. Se te Sanbala, moun Oron ki te yon samariten popilè.
    a. Li te gouvènen Samari yon ti jan avan lane 407 avan Jezikri te vini.
    b. Li te genyen yon pitit gason ki te marye ak pitit fiy prèt la yo te rele Eliaskib. Konsa li te okouran de tout sa Neyemi tap fè.
    c. Li mete'l ansanb ak Tobija pou fè asasinen Neyemi. Ney.6 :1-4
2. Tobija menm, li te yon Amonit.
    a. Li te fanmiy ak Eliaskib e gen yon jou menm, Eliaskib bay Tobija yon chanb nan kay Legliz la pou'l rete. Ney. 13 : 7-9
    b. Li t'ap pase nan tenten jwif yo ki t'ap bati miray la. Ney. 2 :10 ; 4 :3,7
3. Gechèm li menm se te yon Arab. Li p'at vle wè ditou jwif ki fèk retounen soti nan Diaspora Babilòn nan.
4. Tou le twa mesye sa yo t'ap fè manifestasyon pou di ke zafè miray sa kap rebati a se yon kanpay kap mennen pou soulve kont waa. Ney.2 : 19

III. Ki jan Neyemi te gen viktwa sou yo ?
    1. Se vre ke vi 'l te menase tout tan.
        a. Men tout pèsekisyon sa yo se te yon pretès pou'l te priye san rete.
            Ney.4 :9 ; 5 :19 ; 6 :9 ; 13 :14, 22, 31
        b. Alafen, nan sèlman senkantde (52) jou, yo kanpe miray la. Ney.6 :15

Pou fini

Gremesi pèsekisyon sa yo, Neyemi vin pi fò nan fwa li
e konsa li gen viktwa sou lènmi yo. Ou wè ki jan ou kap
renmen lènmi 'w ! Mat. 5 :44

Kesyon

1. Ki pwojè Neyemi te genyen ?
    Rebati miray vil Jerizalèm nan.

2. Ki moun menm ki peye pou pwojè saa ?
    Wa Atazeksès li menm

3. Ki moun ki vle bay baryè a pwojè saa ?
    Gwo Zotobre yo nan vil la

4. Bay nou non yo : Tobija, Sanbala, Gechèm

5. Ki sa ki te fè pwojè a te vinn konplike ?
    a. Pitit Sanbala te bofis prèt yo te rele Eliaskib.
    b. Tobija te fanmiy ak menm Eliaskib saa ki te
        prèt e bwa dwat Neyemi .

6. Ki jan Neyemi te fè gen viktwa sou yo ?
    Li te mete Bondye okouran de tou sa l'ap fè.

Leson 6
Lènmi nimewo 6: Tradisyon nou yo

Tèks sou leson an : Det. 22 :5 ; Mak.7 :2-23 ; Jan.8 : 36 ; 1Kor.8 : 10-11 ;
Tèks pou li nan klas la : Mak. 7 : 1-13
Vèsè pou resite : Jezi di yo konsa: -Nou mete kòmandman Bondye yo sou kote pou nou swiv koutim moun etabli.. Mak. 7 :8
Fason pou fè leson an : Diskou, konparezon, kesyon
Bi leson an : Fè tout moun wè sa ki lakòz nou nan mizè nou ye jodi a.

Pou komanse
Si nou byen konnen, tradisyon se yon bagay ki dominen nan tout sosyete. Ki jan pou nou konsidere'l ?

I. **An nou wè'l dabò nan konparezon ak mès a moun nan lòt peyi**
    Bagay nou te vinn jwenn nan kilti nou kap byen pa mache si nou vwayaje pou nou rankontre ak lòt moun ki pa aji menm jan.
    1. Dabitib, nou abiye dapre lanmòd nan peyi nou. Lè nou rive nan yon peyi etranje, nou chanje abiyman an yon jan. Si peyi a fè twòp frèt ou si'l fè twòp cho, nous blije abiye nan fason tanperati a egzije nou.
    2. Dabitid, nou manje manje ki soti tou fre nan jaden nou. Men lè nou rive nan gwo peyi etranje yo, nou blije manje manje fabrike yo.
    3. Nou pa vle ale two lwen nan sa n'ap di laa. Pou Kretyen yo menm, gason yo mete rad gason, fiy yo mete rad fiy. Det. 22 :5

Pa gen moun ki pou fè yo manje manje sòlòkòtò.
1Kor.8 :10-11

II. Kounyeya, an nou wè yo dapre kilti yo.
1. Genyen peyi kote moun yo pè frize ak koukou
2. Si moun nan ap mache li frape pye gòch li, se
   yon siy kontraryete.
3. Moun defann ou kriye kan'w ap soti nan
   simityè. Yo pè pou dèfen an pa pouswiv yo.
4. Pou Jwif yo, manje san'w pa lave men se yon
   peche.Mat.15 :20
5. Jezi vin delivre nou anba tradisyon sa yo.
   a. Li deklare « Si mwen menm pitit Bondye
      a mwen bay ou libète, se lè sa ou lib tout
      bon vre. Jan.8 :36
   b. Paske lave men avan manje se yon
      pwensip de lijyèn ki pa genyen anyen
      anrevwa ak Sali nanm nou. Mak. 7 :20-23
   c. Sispann kriye lè wa'p kite simityè a vle di
      ke la vi ap kontinye, ke nou dwe panse a
      avni sa ki rete dèyè yo pou nou pa kenbe
      yon dèy pou tou tan.

Pou fini
Antouka, rèspèkte kilti tout moun, sèvi Bondye dapre
dikte Sentèspri'a ak konsyans nou.

Kesyon

1. Ki sa tradisyon an ye?
   Se yon bagay nou vinn trouve nan pèp nou

2. Bay nou 2 egzanp
   a. Ou abiye dapre fason moun peyi 'w abiye.
   b. Pou jwif yo men, se yon peche si'w tanmen manje san'w pa lave men'w

3. Bay nou 2 egzanp nan sa ki dwòl nan kèk kilti
   a. Gen de peyi, moun yo pè frize ak koukou
   b. Frape pye gòch se yon siy kontraryete

4. Ki sa Jezi vini ak li pou libere nou ?
   Li di « Si Pitit Bondye a libere'w, se lè sa ou libere.

5. Ki sa li te vle fè jwif yo konprann ?
   Ke lave men avan'w manje se yon pwensip lijyèn ki pa gen anyen anrevwa ak Sali nanm ou

6. Ki sa li te vle di a payen yo ?
   Lè yo sispan kriye kan yo kite simetyè, se pou yo panse a avni lòt ki dèyè olye yap kontinye viv nan la penn.

Leson 7
Lènmi nimewo 7: Moun ki kanpe kont nou

Tèks sou leson an : 1Sam. 17 :38-48 ; Sòm. 34 :8 ; Wom.8 :39 ; 2Kor.10 :4 ; 1Ti.5 :14 ; 2Ti.1 :12 ; 2 : 22-26

Tèks pou li nan klas la : 2Ti. 2 : 22-26

Vèsè pou resite : Zam m'ap sèvi nan batay m'ap mennen an, se pa menm ak zam moun k'ap viv dapre lide ki nan lemonn yo. Zam mwen se zanm ki gen pouvwa devan Bondye pou kraze tout gwo fò. M'ap kraze tout pawòl esplikasyon ki pa bon,.2Kor. 10 :4

Fason pou fè leson an : Diskou, konparezon, kesyon

Bi leson an : Se pou aprann kretyen yo fason pou yo konpòte kant yon moun pa dakò ak sa yo di.

Pou komanse

Kèlke swa machin ou wè k'ap sikile, yo tout gen yon akseleratè e yo gen yon fren tou. Eske sa vle di ke w'ap toujou akselere? Janmen'd la vi. Sa ki fè sa?

I. **Gen yon lè pou peze gaz men gen yon lè fòk ou frennen, menm si 'w pa ta vle,** sa depan de **jan wout la ye ak pwoblèn ou ka jwenn.** Se konsa sa ye nan la vi'a :

   1. Yon moun rete'w kant ou te vle avanse, ou rele'w advèsè.
   2. Yon moun pa dakò ak sa'w di, ou rele'l advèsè.
   3. Yon moun kritike'w ou byen li avili'w, ou rele'w advèsè.

II. Ki jan pou'w kare'w ak yon advèsè ?

1. Toudabò ou dwe rete nan wòl ou e gade konviksyon'w:
   a. Pòl di : « Mwen konnen nan ki moun mwen kwè. » 2Ti.1 :12
   b. Pa gen anyen ni pèsonn ki pou fèm chite. Wom. 8 : 39
2. Ou dwe itilize zam pa'w.
   David refize zam ke wa Sayil te bay e li pito pran 5 ti wòch pou li kase batay ak jeyan Goliat. 1Sam. 17 : 38-40
   Sentèspri a dwe pou'l mete remak li sou zam saa. 2Co.10 :4
3. Depi'l te kwè Bondye avè'l, li kouri sou lènmi an, li vide'l a tè. 1Sam.17 : 48

III. Ki sèvis yon advèsè rann ou?

1. Li pèmèt ou gen prèv ke Bondye avè 'w, pou'w ka wè sa'l pra'l fè pou rezoud pwoblèm ou. Sòm.34 :8
2. Li bay ou potinite pou fwa'w grandi, e pou'w bay Bondye glwa apre viktwa'w. 1Sam.17 : 47
3. Li ankouraje'w veye sou kondit ou pou fèmen bouch advèsè yo. 1Ti.5 :14

Konsa w'ap evite neglijans.

Pou fini

Pou yon match ka jwe, fòk gen 2 kan. Mon chè , leve kanpe!

63

Kesyon

1. Di nou 3 moun ou pran pou advèsè'w.
    a.   Yon moun ki rete'w kant ou te vle avanse.
    b.   Yon moun ki pa dakò ak sa'w di.
    c.   Yon moun ki kritike'w ou byen ki avili'w.

2. Ki jan nou dwe abòde advèsè yo ?
    a. Toudabò ou dwe rete nan wòl ou e gade konviksyon'w:
    b. Ou dwe itilize zam pa'w.
    c. Depi'w konnen ke Bondye avè'w, kouri sou lènmi an, vide'l a tè.

3. Ki sèvis advèsè'a rann ou ?
    a.   Li pèmèt ou gen prèv ke Bondye avè 'w.
    b.   Li bay ou potinite pou fwa'w grandi, e pou 'w bay Bondye glwa apre viktwa'w.
    c.   Li ankouraje'w veye sou kondit ou pou fèmen bouch advèsè yo.
    d.   Li ede'w evite neglijans nan vi èspirityèl ou.

4. Ki moun ki pral genyen ? Jezi ki nan vi'w la

5. Vre ou fo

    a.   M'ap tanmen goumen ak advèsè'm. M'a rele Jezi si se nesesè. __ V __ F
    b.   Mwen asèpte advèsite'a men mwen remèt advèsè bay Jezi. __V __ F
    c.   Lè'w gen advèsite, ou dwe priye anpil. __ V __F
    d.   Bondye a ki fidèl ap bay ou viktwa. __V __F

Leson 8
Lènmi nimewo 8 Laperèz

Tèks sou leson an : Joz. 1 :8 ; 2S. 22 :4 ; Sòm.16 :8 ; 23 : 3 ; 121 :6 ; Eza.41 :10 ; Jan.16 : 33 ; 1Kor.6 : 19-20 ; 2Co. 1 :22 ; Gal.6 :7 ; Ef.6 :14

Tèks pou li nan klas la : Eza. 41 : 8-16

Vèsè pou resite : Nou pa bezwen pè. Mwen la avèk nou! Nou pa bezwen kite anyen ban nou kè sote. Se mwen menm ki Bondye nou. M'ap ban nou fòs, m'ap ede nou. M'ap soutni nou ak fòs ponyèt mwen ki pa janm pèdi batay. Eza. 41 :10

Fason pou fè leson an : Diskou, konparezon, kesyon

Bi leson an : Se pou bay kretyen fèb yo kouraj.

Pou komanse

Tout moun gen yon moman nan lavi'a pou'w genyen bagay ki fè'w pè. Ou pa wè kote pou'w pase pou'w gen viktwa.

I.   **Ki jan 'w santi'w lè ou pè ?**
   1. Ou pèdi kontwòl. Ou pran tranble. Ou gen yon syè fwèt ki parèt sou fontènn ou. Gòj ou sere. Zye'w soti long konsa. W'ap begeye
   2. Pye'w menm pran tranble. Ou gen yon anvi pipi. Eza. 37 :1-4

II. **Ki jan pou'w reprann kontwòl ou ?**
   1. Se pou'w sonje ke Bondye gen kontwòl. Sòm.16 : 8
   2. Sonje ke li la avè'w. Eza.41:10
   3. Sonje ke se byen prive' l ou ye. 1Kor.6 :19-20
   4. Sonje ke ou gen so Bondye sou'w. 2Kor.1 :22

5. Li dwe presève'w de tout sa ki mal, pou'l pa pèdi repitasyon' l. Sòm.121 : 6

III. Ki sa pou'w fè pou'w gen viktwa sou laperèz ?
   1. Fòk ou toujou di la verite. Ef.6 : 14
   2. Fòk ou selebre viktwa'w tankou wa David menm avan li komanse batay. 2Sam. 22 :4
      a. Nou pa lite pou nou gen viktwa, men nou la pou bay Jezi glwa paske li déjà genyen viktwa pou nou. Jan.16 :33

IV. Ki sa ki pral pase alafen :
   1. Wap reyisi toupatou kote'w pase. Tout sa kap rive'w ap sèvi'w yon byen. Joz.1 : 8
   2. Fwa'w nan Bondye ap grandi.
   3. Temwayaj ou ap ede fwa lòt yo.
   4. Letènèl ap sèl kòk chante jou saa. Zak 14 :9

Pou fini

Mwen ta konseye'w medite Pawòl Bondye a, rete sou jenou'w. Mete'w ansanm ak moun ki mete yo apa pou sèvi Bondye e temwaye sa Bondye fè pou ou kote'w pase. Depi lè saa, laperèz la al fè wout li. Ef.5 : 19-21

Kesyon

1. Ki jan 'w santi'w lè ou gen yon bagay ki fè'w pè ? Ou sezi e ou pèdi kontwòl.

2. Bay nou kèk sentom
   a. Ou pran tranble. Ou gen yon syè frèt sou fontenn ou.
   b. Gòj ou sere. Zye'w prèt pou soti kite tèt ou.
   c. Pye'w ap tranble, ou gen anvi pipi.

3. Ki sa'w dwe fè pou'w reprann kontwòl ou ?
   a. Se pou'w sonje ke Bondye gen kontwòl
   b. Sonje ke li la avè'w.
   b. Sonje ke se byen prive' l ou ye.
   c. Sonje ke ou gen so Bondye sou'w
   d. Li dwe presève'w de tout mal, pou'l pa pèdi repitasyon' l

4. Ki sa pou'w fè pou'w gen viktwa sou laperèz ?
   a. Fòk ou toujou di la verite.
   b. Fòk ou selebre viktwa'w avan menm batay la komanse.

5. E ki sa ki pral rive ?
   a. W'ap reyisi nan tout sa w'ap fè.
   b. Fwa'w ap ogmante e pa lòt moun tou.
   c. Jezi ap vin pi popilè.

6. Ki dènye konsey ou genyen pou moun ki pè ?
   a. Se pou yo medite pawòl la e priye
   b. Se pou yo mete yo ansanm ak moun ki mete tèt yo apa pou sèvi Bondye.
   c. Se pou yo toujou ap temwaye devan tout moun de gras Bondye.

Leson 9
Lènmi nimewo 9: Tanperaman nou

Tèks sou leson an : 1Sam.25 : 1-38
Tèks pou li nan klas la : 1Sam. 25 : 2-12
Vèsè pou resite : Apre sa, li di yo tout: Fè atansyon. Veye kò nou pou lajan pa pran tèt nou. Paske, se pa anpil byen ki garanti lavi yon nonm, li te mèt rich kont kò li. Lik. 12 :15
Fason pou fè leson an : Diskou, konparezon, kesyon
Bi leson an : Montre ki jan yon nonm ta pra'l pèdi tout byen'l akòz move jan l.

Pou komanse
Nou konn tande kèk moun di : « Se konsa'm ye, se konsa'm fèt. Se Bondye ki fè'm konsa. Mwen pa kapab chanje'l. Men, eske se yon rezon pou'w enpoze'l a lòt moun ? An nou mande Nabal.

I. **Nabal te yon nonm rich anpil, men li te gen kè di e li te mechan.** 1Sam.25 : 2
    1. Li te posede twa mil (3000) tèt mouton, mil (1000) tèt kabrit. si'l ta vle, li te k'ap louvri yon izin pou fè manto ak lenn mouton yo.
       1Sam.25 : 2
    2. Gen yon kòlonn moun ki t'ap pwoteje biznis li gratis, li refize bay yo yon moso manje.
       1Sam.25 : 11,16
    3. Okontrè, li joure yo byen joure.
       1Sam.25 :10-11
    4. Pa gen moun ki ka bòde'l pou fè'l tande rezon. Pouki sa ? *Paske se tanperaman'l.*
       1Sam.25 :17

II. Ti moso David dechouke tout biznis Nabal

1. Li di li pral detrui'l pou fè misye vinn pòv. 1Sam 25 :13, 21-22
2. Gen yon sèvitè misye ki soufle sa nan zorèy Abigayèl, madanm Nabal. Li menm se te yon bon moun, li te bèl, li gen bon kè e li gen bon sans nan tèt li. 1Sam.25 :3
   a. Li pote anpil manje pou David ak ekip li a.
   b. Li mete ajenou devan David pou mande padon pou mari'l Nabal. 1Sam.25 : 18

III. Men Bondye te deside pou'l pini Nabal.

1. Nou jwenn misye ap bwè bweson, lap fete san li pa panse a pòv malere yo.1Sam. 25 : 36
2. Nan demen, lè li soti anba mal makak, Abigayèl rakonte'l sa'l te fè pou David, pou David pa't detrui biznis yo. 1Sam.25 : 37
3. Olye misye ta kontan, nouvèl sa fè'l gen yon batman kè e tèt li pati. 1Sam.25 :37-38

Pou fini

Bat pou nou dominen tanperaman nou. Se pa yon èskiz pou nou di moun betiz ni pou'l lakòz nou mouri.

Kesyon

1. Ki sa kèk moun konn di pou defann tanperaman yo ?
   Yo di « Se konsa yo ye, se konsa yo fèt. Se Bondye ki fè yo konsa. `Yo pa kapab chanje'l.

2. Bay nou yon egzanp. Nabal

3. Pale nou de li.
    a. Li te posede twa mil (3000) tèt mouton, mil (1000) tèt kabrit.
    b. Gen yon kòlonn moun ki t'ap pwoteje biznis li gratis, li refize bay yo manje. Okontrè, li joure yo byen joure.
    c. Pa gen moun ki ka bòde'l pou fè'l tande rezon.

4. Pouki sa ? Paske se tanperaman'l.

5. Ki sa David te deside fè misye ? Detri tout biznis misye.

6. Ki moun ki sove biznis la ? Di ki sa'l te fè?
    a. Abigayèl, madanm Nabal pote manje pou David ak moun li yo.
    b. Li mete ajenou devan David pou mande'l padon pou mari' l

7. Ki jan Bondye pini Nabal ?
    Li bay li yon batman kè ak yon gwo endispozisyon. Nabal te mouri.

8. Ki konsèy nou ta bay a moun ki eritye Nabal ?
    a. Pou yo dominen tanperaman yo
    b. Tanperaman nou pa yon pretèks pou di moun betiz ni pou'l la kòz nou mouri.

Leson 10
Lènmi nimewo 10 : Foli grandè

Tèks sou leson an : Egz. 3 :5-6 ; Nonb. 14 :34 ; Joz.5 :14-15 ; 7 : 7 ; 8 :10 ; Jij. 6 : 15-20 ; Ney. 12 :1 ; Je. 1 : 5-6 ; Ez. 28 : 12, 17 ; Wòm.12 :3 ; 1Th. 4 :3
Tèks pou li nan klas la : Wòm.12 : 3-8
Vèsè pou resite : Apre sa, li di yo tout: Fè atansyon. Veye kò nou pou lajan pa pran tèt nou. Paske, se pa anpil byen ki garanti lavi yon nonm, li te mèt rich kont kò li.   Wòm. 12 :3
Fason pou fè leson an : Diskou, konparezon, kesyon
Bi leson an : Ankouraje kretyen yo pou yo gen imilite

Pou komanse
Bondye bay chak moun yon mezi. Kote sa soti ke gen moun ki vle fè grandizè?

I.   **Ou mèt kwè'm , se paske yo santi yo plis pase lòt moun**
1.   Se Satan ki mete sa nan tèt yo.
     Eze. 28 : 1-2, 17
     Bondye pase ni Moyiz, ni Jozye lòd pou yo pa kanpe devan'l nan tout otè yo. Se poutèt sa toutotan yo pa retire sandal ki nan pye yo, li pa pale koze serie ak yo. Egz. 3 : 5-6 ; Joz. 5 : 14-15
     Bondye pa vle nou bay tèt nou valè ke nou pa genyen vre. Tan ke nou pa fè nou piti, li pap janmen sèvi ak nou. Wòm. 12 : 3

II.   **Men gen lòt moun ki vle desann tèt yo pi ba.**
1.   Jedeyon di Bondye ke se li ki pi piti nan ras la.»
     Jij.6 : 15

Epoutant, Jezi kite syèl la jis pou'l vinn manje ak li gwo midi. Jij.6 :20

2. Jérémi te fè menm bagay la tou. Lap plede di Letènèl ke li se yon ti moun li ye. Jer.1 :6
Se te sa menm Bondye te bezwen. Jer. 1 :5

III. Ki avantaj ou genyen nan sa ?

1. Pou Moyiz, li te vinn genyen pisans pou li dirije Izrayèl nan mitan Dezè Sinayi pandan karant lane kwake se yon pèp ki te rebèl. Nonb.14 :34

2. Pou Jedeyon li menm, ak sèlman 300 solda anba men'l Bondye te bay li pisans pou' l touye 120 mil madyanit. Jos.7 :7 ; 8 :10

3. Jérémi, yon sakrifikatè nan peyi Anatòt te wè ak de grenn zye'l sak te pase Izrayèl apre swasant dizan yo te pase nan esklavaj nan peyi Babilòn. Ney.12 : 1

Pou fini

Papa nou nan syèl pa gen okenn pwoblèm ak sa'w panse. Li sèlman bezwen'w konsakre pou sèvis li. Bat pou'w prèt pou sèvi'l, pou'l voye'w kote li vle nan lè' l vle. 1Tes.4 : 3

Kesyon

1. Ki sa grandizè a ye ?
   Foli grandè

2. Bay prèv ke Bondye pa dakò ak sa.
   Li te mande Moyiz ak Jozye pou yo retire sandal
   yo lè yo nan prezans li.

3. Ki sans sa genyen nan vi èspirityèl nou?
   Bondye pa vle nou fè grandizè.

4. Ki sa li vle de nou ?
   Pou nou fè nou piti devan'l.

5. Ki sa moun yo nou soti wè a profite ?
   a. Pou Moyiz, li te vinn genyen pisans pou li dirije
      Izrayèl, yon pèp ki si rebèl, nan mitan Dezè
      Sinayi pandan karant lane. No.14 :34
   b. Pou Jedeyon li menm, ak 300 solda anba men'l,
      Bondye te bay li pisans pou' l touye 120 mil
      madyanit. Jos.7 :7 ; 8 :10
   c. Jérémi, yon sakrifikatè nan peyi Anatòt te wè
      ak de grenn zye'l sak te pase Izrayèl apre
      swasant dizan yo te pase nan esklavaj nan peyi
      Babilòn.

Leson 11
Ki jan moun kay ou pale ?

Tèks sou leson an : 1Wa1 :6 -53 ; 2 : 13--25 ;
Sòm. 133 : 1-2
Tèks pou li nan klas la : Sòm 133 : 1-3
Vèsè pou resite : Ala bèl bagay, ala bon sa bon lè frè
ak frè ap viv ansanm!
 Sòm. 133 :1
Fason pou fè leson an : Diskou, konparezon, kesyon
Bi leson an : Montre ki sa 'k ka pase dapre fason moun
kay la pale.

Pou komanse
Ke se yon jagon, ke se yon fason moun aji, ke se yon
atitid, chak fanmiy genyen yon fason yo pale ki pa gen
anyen arevwa ak lang tout moun pale a. Se langaj sa ki
defini fason moun yo ap viv nan kominote pa yo a. An
nou fè sa klè pou'w'.

I. **Gade langaj nan fanmiy sa : Tout moun fè sa
yo vle**
1. Pa gen pèsonn moun ki gen yon reskonsablite,
pa gen yon pwogram ni yon lè ki prevwa pou
chak bagay ka fèt.
a. Yo manje, yo travay, yo jwe, yo dòmi, yo
leve nenpòt lè yo vle.
b. Ke'w te vini nan lè, ke'w te vini anreta, se
menm bagay. Ou di e ou fè sa'w vle men
pa genyen ni repwòch ni konpliman.
c. Yo pa pè di'w ke tout bagay OK, men nan
zye lòt moun, se pa vre ditou.
2. Yon kominote konsa ta dwe viv andeyò
sosyete a. Nan yon vi moun aji jan'w vle, ou fè

sa'w vle, w'ap fini vi'w nan mizè, nan bandi e nan prizon.

a. An nou gade Adonija. Se te yon pitit wa David ki t'ap viv pou kont li. Papa'l pa janmen yon jou fè'l yon repwòch. Li te yon bo gason, men li te malèdve.

b. Li al leve kont frè li , wa Salomon ki fè touye'l. 1Wa.1 :6 ; 2 :24-25

II. Men yon famiy ki pale yon lòt langaj

1. W'ap tande yo di : « An nou fè sa, an nou ale la, an nou travay. Yo wè pwogrè.

2. Yo travay ansanm, yo manje ansanm, yo jwe ansanm. Yo an amoni tankou abèy yo nan yon riche, kote chak abèy ap fè travay li. Sòm. 133 : 1-2

Ou jwenn sa kote moun rèspèkte moun, kote moun obeyi a pwensip, kote moun gen krentif pou Bondye e kap sèvi Bondye.

Pou fini

Depi jodia, chwazi langaj inite, lapè, ak lamou, konsa pwogrè a ap vini pou kont li.

Kesyon

1. Sa fè sa'w vle a vle di
   Pa gen moun ki pran okenn reskonsablite.

2. Bay nou de (2) egzanp
   a. Yo manje, yo travay, yo jwe, yo dòmi, yo leve nenpòt lè yo vle.
   b. Ke'w te vini nan lè, ke'w te vini anreta, se menm bagay. Ou di e ou fè sa'w vle men pa genyen ni repwòch ni konpliman.

3. Bay nou yon egzanp de yon fanmiy ki gen tèt ansanm ?
   a. W'ap tande yo di : « An nou fè sa, an nou ale la, an nou travay. Yo wè pwogrè.
   b. Yo travay ansanm, yo manje ansanm, yo jwe ansanm. Yo an amoni tankou myèl yo nan riche a, kote chak abèy ap fè travay li.

4. Kote sa soti ?
   Ou jwenn sa kote moun rèspèkte moun, kote moun obeyi a pwensip, kote moun gen krentif pou Bondye e kap sèvi Bondye

5. Ki sa k'ap rive kote moun fè sa yo pito ?
   Y'ap mouri pòv, y'ap tonbe nan fè bandi e fini rès vi yo nan prizon.

Leson 12
Yon fason yo pale ki bon anpil

Tèks sou leson an : Jij. 6 : 1-32 ; 7 :1-25 ; Mat. 4 : 1-10 ; 3 : 13-17 ; Jan.8 :29 ; Fil.2 :9-11
Tèks pou li nan klas la : Jij. 6 : 11-12 ; Mat. 3 : 13-17
Vèsè pou resite : Zanj Seyè a parèt devan l', li di l' konsa: -Bonjou, vanyan sòlda! Seyè a avè ou! Jij. 6 :12
Fason pou fè leson an : Diskou, konparezon, kesyon
Bi leson an : Montre ki jan konn pale mennen moun lwen.

Pou komanse

Nan pwen bagay ki bay moun plis kouraj pase yon bon konpliman. Se Senyè a menm ki montre nou sa. M'va bay ou 2 egzanp nan bib la.

Yon egzanp nan Ansyen Tèstaman :

I. **Letènèl kanpe avè'w vanyan gason. Jij.6 : 12**
1. Se Letènèl menm ki fè Jedeyon konpliman saa, poutan, ti jenn nonm nan pat janmen ale nan lagè.
2. Sete yon jou , pandan li tap ranmase rekòt jaden papa'l prese prese pou Madyanit yo pa vinn fè piyay, Bondye nan syèl desann pou apresye santiman ti jenn nonm nan. Li pote yon trofe pou li san li pat menm komanse yon batay. Sa ki rete Jedeyon kounyeya, se pou'l bay prèv ke li yon vanyan gason vre. Jij. 6 : 11
3. Jedeyon pral bay prèv la an de (2) okazyon.
   a. Nan premye okazyon an, se Letènèl ki mande' l pou'l kraze peristil Baal ki nan

mitan kay la paske ke Papa'l te yon bòkò ki t'ap sèvi Baal

b. Se te yon fason pou Letènèl te mande'l pou'l renonse a zidòl nan fanmiy an. Jedeyon kraze'l rapyetè. Jij. 6 :25-26

c. Dezyèm egzanp la se kan Letènèl voye'l goumen ak twa san (300) solda anba men'l kont Madyanit yo. Li touye sanven mil (120) nan yo. Jij.7 : 7 ; 8 :10

II. Dezyèm egzanp nan Nouvo Testaman an : Pitit sa nou wè laa, se de grenn zye tèt mwen

1. Letènèl te fè deklarasyon sa byen fò devan tout moun ki te vinn asiste sèvis batèm Jezikri. Mat. 3 :17

2. Jezi menm ki konsyan de ki jan papaa renmen'l, li fè tout sa'l konnen pou fè papaa plezi, e li pap di yon mo san li pa nonmen non Papa'l. Jan.8 :29

   a. Li pap trayi Papa'l devan Satan. Mat. 4 : 1-10

   b. Li pap kraponen devan moun kap kritike'l. Mat. 12 : 24-28

   c. Li prefere mouri nan move kondisyon puiske papa'l te vle sa. Fil. 2 : 9-11

Pou fini

Bat pou nou toujou pre pou fè moun konpliman, pou ankouraje yo. Ou mèt te kwè'm, w'ap bay moun nan kouraj pou fè gwo bagay e w'ap chanje vi moun nan.

Kesyon

1. Pouki sa Letènèl li menm te fè Jedeyon yon gwo konpliman ?
   Paske li te déjà wè valè nan jenn gason sa

2. Ki konsekans sa te genyen kant li te brize lotèl Baal la?
   Se te yon fason pou mande'l pou'l renonse a zidòl ki nan mitan fanmiy nan.

3. Montre ki jan konpliman Letènèl te fè'l la te motive'l.
   a. Li kraze lotèl Baal la ke papa'l te monte lakay la
   b. Li eksterminen 120,000 madianit ak sèlman 300 solda li te genyen anba men'l.

4. Ki konpliman Letènèl te fè pou Jezi ?
   Li di tout moun ke Jezi se de grenn je tèt li.

5. Ki kote konpliman saa te rive?
   Jezi sibi tout bagay, menm li mouri pou fè papa'l plezi.

Lis vèsè yo

1. Pran mete sou nou tout kalite zam Bondye ban nou pou nou ka kenbe tèt anba riz Satan. Ef. 6 :11

2. Li chire papye kote tou sa nou te dwe l' yo ekri a. Papye sa a te kondannen nou devan lalwa. Kris la detwi l' nèt lè li kloure l' sou kwa a. Kol. 2 :14

3. Wi, Seyè a anwo nan syèl la. Men, li wè moun ki soumèt devan li. Li rete byen lwen, li rekonèt moun k'ap fè grandizè yo. Sòm. 138 :6

4. Pèp mwen an ap fini, paske li pa konnen mwen. Prèt yo voye tou sa mwen te moutre yo jete. Se konsa, mwen menm tou, mwen p'ap rekonèt yo pou prèt mwen ankò. Yo voye tou sa mwen menm, Bondye yo a, mwen te moutre yo a jete. Mwen menm tou, m'ap voye pitit yo jete. Oze.4 : 6a

5. Mwen reponn, mwen di yo: -Se Bondye nan syèl la k'ap fè nou reyisi nan sa nou vle fè a. Nou menm ki sèvitè Bondye, nou pral konmanse rebati l'. Men nou menm, moun lòt nasyon, nou pa gen ankenn dwa sou lavil Jerizalèm. Nou pa gen anyen pou nou wè nan sa. Pesonn pa janm nonmen non nou nan koze lavil Jerizalèm. Ney. 2 :20

6. Jezi di yo konsa: -Nou mete kòmandman Bondye yo sou kote pou nou swiv koutim moun etabli. Mak. 7 :8

7. Zam m'ap sèvi nan batay m'ap mennen an, se pa menm ak zam moun k'ap viv dapre lide ki nan lemonn yo. Zam mwen se zanm ki gen pouvwa devan Bondye pou kraze tout gwo fò. M'ap kraze tout pawòl esplikasyon ki pa bon. 2Kor.10 :4

8. Nou pa bezwen pè. Mwen la avèk nou! Nou pa bezwen kite anyen ban nou kè sote. Se mwen menm ki Bondye nou. M'ap ban nou fòs, m'ap ede nou. M'ap soutni nou ak fòs ponyèt mwen ki pa janm pèdi batay.. Eza . 41 :10

9. Apre sa, li di yo tout: Fè atansyon. Veye kò nou pou lajan pa pran tèt nou. Paske, se pa anpil byen ki garanti lavi yon nonm, li te mèt rich kont kò li. Lik 12 :15

10. Poutèt favè Bondye fè m' lan, men sa m'ap mande nou tout: Piga nou mete nan tèt nou nou plis pase sa nou ye. Okontrè, pa mete gwo lide nan tèt nou. Se pou chak moun konsidere tèt li dapre sa Bondye ba li ki pa l' nan lafwa Wòm. 12 : 3

11. Ala bèl bagay, ala bon sa bon lè frè ak frè ap viv ansanm!   Sòm. 133 :1

12. Zanj Seyè a parèt devan l', li di l' konsa: -Bonjou, vanyan sòlda! Seyè a avè ou!! Jij. 6 :12

TÒCH KI PA RETE AK OKENN TÒCH

Dife Tou Limen 21 - Seri 3

MOVE LÈSPRI YO

Avangou

… Kounyeya, Jezi rele tout douz disip li yo e li bay yo pouvwa pou chase move lèspri yo, pou geri malad yo ak tout kalite enfimite. Jezi te konn kontre tou ak fòs envizib sa yo e li te toujou chase yo. Se sa ki fè li kap bay nou menm pouvwa sa tou, pou nou kapab donte yo. Mat. 10 :1
Ou menm ki yon disip tou nivo, koute vwa mèt la e mete'w prè pou'w al chase tout fòs sa yo k'ap fè nanm nou la gè. 1Pyè.2 :11

Pastè Renaut Pierre-Louis

Leson 1
Tòde panse moun se yon move lèspri

Tèks sou leson an : Mat. 12 : 24 ; Mak. 1 : 27 ; 2 :16 ; Jan. 4 : 6, 27 ; 19 :12

Tèks pou li nan klas la : Mat. 12 : 22-30

Vèsè pou resite : Lè sa a, disip Jezi yo vin rive. Yo te sezi wè l' ap pale ak yon fanm. Men, yo yonn pa mande l': Kisa ou gen avèk li? Osinon: Poukisa w'ap pale avè li? Jan. 4 : 27a

Fason pou fè leson an : Diskou, konparezon, kesyon

Bi leson an : Ankouraje kretyen yo pou yo gen yon espri ki dwat.

Pou komanse

Genyen yon ekriven ki di : Pa fiye moun ki touve tout sa'w fè byen, tout sa' w fè mal e sitou moun ki endiferan a tout sa w'ap fè. Se la lèspri tòde a soti.

I. An nou bay detay sou sa

Dapre sa nou jwenn nan gwo diksyonè Larous la, panse se lide kap fòmen nan lèspri nou, men panse tòde a se move lide ou genyen nan tèt ou, men ke ou pa di'l tout swit pou tout moun konnen'l.

II. Ki jan'w vire panse yon moun ?

1. An nou wè sa nan sosyete a.

    Pa egzanp, nou wè farizyen yo k'ap kritike Jezi paske li t'ap manje ak pibliken yo, ak moun k'ap mennen movèz vi. Dapre yo, Jezi pat gen prestij. Mak.2 :16

2. An nou wè sa nan zafè politik
   Yo deklare ke Jezi pa zanmi Seza, sa vle di li kont gouvèman an. Sa se kont pou yo te kondanen'l Jan.19 :12
3. An nou wè sa nan kilti moun yo e nan sosyete
   a. Yo sezi paske Jezi t'ap pale ak yon fanm. Erèzman, li te fè sa nan plen piblik anba gwo solèy midi. Jan.4 : 6-7, 27
4. An nou wè sa nan aktivite èspirityèl
   Farizyen yo di ke se pwen Bèlzebil li te genyen ki fè'l t'ap chase demon. Mat.12 : 22-23
   a. Pa gen yonn nan yo ki kap kale Jezi nan lamou pou lezòm ak nan pisans tou pou chase demon.
   b. Jalouzi ak prejije yo te yon move lèspri ki te fè yo mal entèprete mirak Jezi yo.
   c. Yo wè yo pap janmen genyen konpetans Jezi.
   d. Men moun ki genyen bon lèspri bat bravo pou Jezi. yo di : « Sa nou wè la ?. Gade yon dòktrin ! E pa yon sèl mo li di move lèspri soti ! Mak. 1 :27

Pou fini
Move lèspri, ononde Jezi, soti !

Kesyon

1. Ki sa vire panse moun nan ye ?
   Se move entensyon moun genyen nan tèt yo pou
   wè mal sa moun ap di ou sa moun ap fè ki byen.

2. Bay nou kèk egzanp nan leson saa.
   a. Farizyen yo di Jezi pa gen prestij paske l'ap
      manje ak moun ki pa gen valè nans sosyete a
   b. Piske li di li wa, yo di li kont gouvèman an.
   c. Disip yo te sezi paske li t'ap pale ak yon fanm
   d. Farizyen yo di li gen pwen Bèlzebil paske li t'ap
      chase demon

3. Kote tout sa yo te soti ?
   Yo te gen jalouzi ak prejije

4. Ki jan moun ki gen bon lèspri panse?
   Yo bay Jezi glwa pou mirak yo li fè

5. Ki jan pou nou konpòte nou ak move lèspri ?
   Nou dwe chase yo.

Leson 2
Lespri sal

Tèks sou leson an : Eza. 44 :22 ; 45 : 22 ; Mak 5: 5-15

Tèks pou li nan klas la : Mak. 5 : 1-12

Vèsè pou resite : Li te yon bèl distans lè li wè Jezi. Li kouri, li vin mete ajenou devan li. Mak. 5 : 6

Fason pou fè leson an : Diskou, konparezon, kesyon

Bi leson an : Chase lèspri ki sal

Pou komanse

Eske sa pa fè'w mal kan't ou jwenn ak yon moun ou konnen byen ki vinn fou ? Ann ale wè li nan bouk Gadara.

I.   **Ki jan 'w wè'l ?**
   1. Si li pa chita sou yon kavo yo, li sou mòn yo, l'ap rele, l'ap blese kò'l ak wòch. Mak.5 : 5
      a. Li kase tout chenn ki anchenen'l.
         Mak.5 : 3-4
      b. Li fè sosyete a tò san'l pa konnen.
      c. Paran'l menm ta kontan si'l te mouri tèlman yo wont.

II. **Ki sa kavo yo reprezante ?**
   1. Se move milye malpwòp kote moun ki bien nan tèt ak moun serye pa frekante.
      a. Moun ki posede ak move lèspri, yo soti nan dwòg, yo tonbe nan pwòstitisyon, yo soti nan pwòstitisyon yo tonbe nan sipèstisyon

b. Yo gaspiye lajan yo nan jwèt daza, nan plezi sal. Yo fè dèt nan yon kòlonn kat kredi e pa gen moun y'ap koute.

III. Koman sa pra'l fini ?

Yo vinn yon fado pou gouvèman an, pou fanmiy yo ak pou la sosyete.

Yo tounen yon mò vivan, yo pa gen okenn dwa ni obligasyon nan sosyete a. Ou wete espwa sou moun saa.

IV. Eske li kap jwenn yon chans ?

1. Wi ! Li te wè Jezi a distans, li kouri mete ajenou devan'l. Mak.5 :6
2. Menm si ou te lwen, depi ou vire gade Jezi, w'ap sové. Es.44 :22 ; 45 :22
   Jezi chase move lèspri a e li transfere yo nan tèt yon kòlonn kochon. Mak.5 : 8-12

Pou fini

Men kounyeya, mesye a jwenn tout bon sans li ankò ! Sa se yon rezireksyon ! An nou bay Jezi glwa !
Mak.5 : 15

Kesyon

1. Ki jan nou kap pale de nonm sa nan bouk Gadara ?
   a. L'ap viv nan mòn ak nan simetyè.
   b. Li kase tout chenn ki mare'l

2. Ki sa kavo yo vle di ?
   Dannsig, jwèt daza, kredit kat ke li pa peye.

3. Ki jan nonm sa ap fini vi'l ?
   Li vinn yon fado pou gouvèman an, pou fanmiy li ak sosyete a.

4. Ki jan li te vin delivre ?
   Li te kouri mete ajenou devan Jezi . Jezi chase move lèpri a.

5. Ki moun ki bay defi a ka pèdi ?
   Jezi

89

Leson 3 Lèspri revanj, se yon move lèspri

Tèks sou leson an : 2Sam. 17 : 1-2 ; Ney. 6 :1-2, 14 ;
Jer. 9 : 4-5 ; Kor.11 :26 ; 12 :9 ; 2Ti.4 :9-17
Tèks pou li nan klas la : Jer. 9 : 1-6
Vèsè pou resite : Se pou tout moun veye kò yo ak
zanmi yo. Pesonn pa ka fè frè yo konfyans. Paske tout
frè vle pase devan pwòp frè yo. Tout moun ap bay
zanmi yo kout lang. Jer. 9 : 4
Fason pou fè leson an : Diskou, konparezon, kesyon
Bi leson an : Wete lide vanjans nan tèt nou

Pou komanse
Sa ki nan kè lòm pa fasil parèt nan figi'l. Se yonn nan
rezon nou dwe pou veye nou ak kat (4) atitid kay lòm
parèy nou.

I. **Premye a se : yo vle gate afè'w**
  1. Sa se travay yon moun ki asosye'w nan yon
     biznis men li pa sensè. Li fè èspre mete
     machin ou anpa n pou anpeche'w travay. Pòl
     rele yo fo frè. 2Kor.11 :26
  2. Erezman Bondye ap toujou kouvri sèvitè'l.
     2Kor.12 :9

II. **Dezyèm nan se moun ki bay ou poto.**
  1. Sa se yon moun ou fè konfyans ki fè tout sa'l
     konnen pou'l pa prezante nan moman ou te pi
     bezwen'l. Pòl pale nou de Demas, segretè'l ki
     abandonen'l pou'l ale nan match olenpik nan
     vil Tesalonik. 2Ti.4 :9
  2. Erèzman gras Bondye te kouvri sèvitè'l.
     2Ti.4 : 17

III. Twazyèm nan se moun ki tann pyèj pou'w

1. Sa se travay Sanbala ak Gechem ki tann yon pyèj pou Neyemi pou fè waa revoke'l. Ney.6 :1-2
2. Erèzman gras Bondye te kouvri sèvitè'l Ney. 6 :14

IV. Katryèm nan se trayizon

Sa se travay yon moun ou te konte sou vòt li ki trayi konfyans ou nan dènye moman.

Move lèspri sa ka loje nan pi bon zanmi'w paske jalouzi ak anbisyon kache ap devore kè'l.

Mwen kap bay ou egzanp nan Akitofèl, konseye prive wa David. Pandan li ak David, l'ap mennen kanpay pou Absalon pitit David, se te yon fason pou proteje enterè pèsonèl li. 2Sam.17 :1-2

Pou fini

Pa bliye konsèy pwofèt Jeremi te bay nou : « Yon moun se pou'w fè atansyon ak zanmi'w, menm ak frè'w paske tout frè yo ap taye zèb anba pye'w e tout zanmi ap fè manti sou'w Jer.9 : 4-5

Ou tande byen sa'l di ? Amen

Kesyon

1. Bay 4 manifèstasyon move lèspri :
    Moun ki gate afè'w, ki absan kant ou bezwen'l ,
    moun ki tann pyèj pou ou , moun ki trayi'w.

2. Sa gate afè'w la ye ?
    Se asosye'w ki mete machin ou an pa n pou
    anpeche'w travay.

3. Ki sa bay poto a ye?
    Se zafè moun ou fè konfyans , ki vire do'l bay ou
    nan moman ou te pi bezwen'l.

4. Sa pyèj la ye : li tann pèlen pou' w

5. Sa trayizon an :
    Yon moun ki vann ou ak lòt moun, li pa kenbe
    pwomès li

6. Ki sa pwofèt Jeremi di nou ?
    Pa fè pèsonn konfyans

Leson 4
Lèspri negatif se yon move lèspri

Tèks sou leson an : 1Sam. 25 : 7-11, 33-34 ; Ney. 2 :18 ; 4 :10-13 ; 6 :15 ;

Tèks pou li nan klas la : Ney. 6 : 15-19

Vèsè pou resite : Men, moun peyi Jida yo t'ap plede di: -Nou fin fèb nan pote chay! Gen twòp vye ranblè pou n' netwaye! Nou p'ap janm fin rebati miray sa a!. Ney. 4 :10

Fason pou fè leson an : Diskou, konparezon, kesyon

Bi leson an : Pou'w pa okipe'w de moun ki pa gen vizyon, yo wè tout bagay mal.

Pou komanse

Si ou ta gen chans pou moun ki bò kote'w te gen espri pozitif, ou te mèt di ou jwenn syèl la sou la tè. Si se pa sa, ou jwenn lanfè louvri de batan ap tann ou.

I.   Ki jan move lèspri sa manifèste ?

1. Li wè tout bagay mal. Ou pa kapab fè yon pa ak moun saa. Li toujou gen yon diskou tou fèt pou dekouraje'w

2. Gade Neyemi. Lè li finn priye, li motive pèp la pou yo rebati miray Jerizalèm nan. Ney.2 :18 Men yon nonm yo bay pou Jida ki mete opozisyon .Li di :
   a.   Moun yo two fèb, yo pa kap pote cha y.
   b.   Dayè gen twòp fatra
   c.   Tout moun wè ke nou pa kapab bati miray la. Ney.4 :10

3. Neyemi pa okipe'l. Li pito angaje reskonsablite chak fanmiy pou kontinye travay la. Ney.4 :13

4. Lè'w vin byen gade, miray la fin fèt nan 52 jou ! Ney. 6 : 15

II. Lespri negatif ak landjèz

1. Moun yo ki konsa , se moun ki vle bay tèt yo valè. Yo pran yon plezi menm pou dezobeyi'w pou montre jan yo malèlve, pou montre se yo ki konnen.

2. Yo pap apresye anyen ou fè. Kan David te voye yon delegasyon kote Nabal pou mande'l pwovizyon pou yo manje, olye li sonje di David mèsi pou tout tan li tap pwoteje biznis li, li pito di'l mo sal.1Sam. 25 :7-11.

3. Si se pat gras a madanm li Abigayèl, ki kouri al kalme David, li t'ap pèdi tout biznis li a. 1Sam.25 :33-34

Pou fini

Konsèy mwen ta bay ou, bliye moun sa yo. Gade a Jezi e kontinye chemen'w. Depi ou gen yon vizyon, ale ansanm ak Jezi. L'ap tann ou nan lin final la.

Kesyon

1. Ki bi leson saa ? Montre nou ki jan pou nou inyore moun ki pa gen vizyon, ki wè tout bagay mal.
2. Ki jan de move lèspri nou wè nan leson saa ? Dekourajman, moun negatif ak moun kap denigre moun.

3. Ki jan espri negatif la manifèste ? Li vini ak pawòl pou dekouraje tout moun.

4. Ki agiman Jida te vin avè'l pou fèmen travay la ?
   a. Moun yo two fèb, yo pa kap pote cha y.
   b. Dayè gen twòp fatra
   c. Tout moun wè ke nou pakap bati miray la.

5. Ki jan Neyemi te reyaji ?
   Li inyore misye e li angaje reskonsablite chak fanmiy yo pou kontinye travay la.

6. Koman espri negatif la ak landjèz la manifèste ?
   a. Moun sa yo vle bay tèt yo valè. Yo pran yon plezi menm pou dezobeyi'w pou montre jan yo malèlve, pou montre se yo ki konnen.
   b. Yo pap apresye anyen ou fè. Yo pale mal de'w

7. Koman ou kap gen viktwa sou move lèspri sa yo? Inyore yo. Gade a Jezi sèl. Sèvi ak sa'w genyen

Leson 5
Dekourajman se yon move lèspri

Tèks sou leson an : Mak. 5 : 15, 21-37, 33-43
Tèks pou li nan klas la : Mak. 5 : 35-43
Vèsè pou resite : Men Jezi pa t' okipe sa yo t'ap di a.
Li di chèf sinagòg la: -Pa pè. Sèlman met konfyans ou
nan mwen.Mak. 5 :36
Fason pou fè leson an : Diskou, konparezon, kesyon
Bi leson an : Ede kretyen yo pou yo konsidere gras
Bondye nou an ki pa gen limit.

Pou komanse

Si 'w genyen yon gwo pwoblèm k'ap fatige'w, sonje ke
gen de moun pou'w pa kole sou yo pou yo pa
dekouraje'w. An nou pran ka Jayiris la, chef sinagòg
jwif la. Mak.5 :35.

I. **Ki pwoblèm misye te genyen ?**
    Pitit fiy li te endispoze.
    1. Ni lwa, ni Saba pat kapab sove pitit la.
    2. Moun kay li vinn di'l ke se pa nesesè pou
        konte sou Jezi piske pitit la mouri. Mak. 5 : 35
    3. Jayiris te finn pèdi espwa kan Jezi di'l : « Jayiris
        pa pran nan presyon. Aji fwa 'w sèlman.
        Mak.5 :36

II. **Men ki kote fwa Jayiris la soti ?**
    1. Se nan de (2) prèv li soti genyen de kapasite
        Jezi pou geri pitit la:
        a. Premye prèv la se nan gerizon ti nonm
            nan bouk Gadara a tout moun te retire
            espwa sou li. Mak. 5 : 15

b. Dezyèm nan se nan gerizon fanm nan ki t'ap fè pèdisyon depi douz (12) an an. Mak. 5 : 24-26, 33-34

2. Konsa li finn kwè ke gerizon pitit fiy li a se va twazyèm malad ke Jezi pral geri pou jounen an

III. Ki jan Jezi te opere gerizon saa ?

1. Jezi chwazi disip ki pou akonpanye'l kay Jayiris. Mak.5 : 37
2. Li fè tout legetè ak tout mokè yo soti. Mak.5 : 40
3. Li geri ti fiy la e li bay lòd pou bay li manje. Mak. 5 : 43

Pou fini

Lè moun ap bay ou presyon, yo ogmante tansyon'w. Pran sans ou. Jezi ap travay pou'w. Pa dekouraje!

Kesyon

1. Ki pwoblèm Jayiris te genyen ?
    a. Pitit fiy li te endispoze.
    b. Ni lwa, ni Saba pat kapab sove pitit la
    c. Moun kay li vinn di'l ke se pa nesesè pou konte sou Jezi piske pitit la mouri.

2. Ki sa ki t'ap pase nan kè Jayiris ?
    Jayiris te finn pèdi espwa

3. Ki sa Jezi di'l pou remonte'l ?
    Jezi di'l pa pran nan presyon. Aji fwa'l sèlman

4. Ki kote fwa Jayiris te soti ?
    a. Se nan gerizon ekstraodinè ti nonm nan bouk Gadara , se te yon ka pèdi pou tout moun.
    b. Se nan gerizon fanm nan ki t'ap fè pèdisyon depi douz (12) an an

5. Ki jan Jezi te opere gerizon ti fiy Jayiris la ?
    a. Li chwazi disip ki pou akonpanye'l kay Jayiris.
    b. Li fè tout legetè ak tout mokè yo soti.
    c. Li geri ti fiy la e li bay lòd pou bay li manje.

6. Ki konsèy ou ta bay yon moun ki nan yon ka konsa ?
    a. Pa kite moun bay ou presyon, ya ogmante tansyon'w. Pran sans ou.
    b. Rele Jezi. Sonje sa'l konn fè deja e pa dekouraje!

Leson 6
Soud-Bèbè, se yon move lèspri.

Tèks sou leson an : Mat. 17 :21 ; Mak.9 :14-29 ;
Tra. 8 :7
Tèks pou li nan klas la : Mat. 17 : 14-21
Vèsè pou resite : Men, kalite lespri sa yo, se fòs lapriyè
ak jèn ki pou fè yo sot. Mat. 17 :21
Fason pou fè leson an : Diskou, konparezon, kesyon
Bi leson an : Konbat movèz fwa lakay kèk moun

Pou komanse
Ala yon gwo enfimite kan yon moun soud e li bèbè tou!
Ki jan Jezi pral rezoud pwoblèm saa ?

I.   **Ka sa te vinn déjà devan kèk disip Jezi san
     rezilta**
     1.   Tandiske Jezi te nan jèn, ak twa (3) disip, papa
          ti nonm soud bèbè a te pote ka saa devan nèf
          (9) lòt disip yo ki pat ale nan jèn nan. Men yo
          pat kapab geri 'l.
     2.   Ti nonm nan te kontinye fese kò'l atè , l'ap
          kimen e l'ap manje dan. Mak.9 : 17-18

II. **Kounyeya, papaa resi wè Jezi ki bon dòktè an.**
     Jezi mande papa a sèlman pou'l gen lafwa e konsa
     li geri pitit la. Mak.9 : 22-24

III. **Nou ta mande ki jan ti nonm malad saa te
     konpote**
     1.   Piske li pat gen tande, se tou nòmal ke'l pa te
          kapab pale. Lè l'ap fè jefò pou'l pale, mo yo pa
          ka soti, konsa li ajite e li vinn vyolan Mak.9 :18

a. Li sanble ak ti jenn yo ki soud lè paran pale ak yo e piske yo pa tande'w yo pap reponn ou tou. Men yo **ajite** ak **gwo misik yo**. Yo tonbe nan dlo sa vle di yo **bwè dwòg** e yo tonbe nan dife, sa vle di **yo fimen**. Mak. 9 :22

b. Ti nonm saa sanble ak kretyen ki endiferan. Yo bouche zorèy yo ni bouch yo nan sa k'ap fèt anndan legliz yo. Yo toujou jwenn yon rezon pou yo pa patisipe, men yo byen chofe nan fèt, nan sèvis revèy yo. Entènèt ak televizyon dwoge yo. Tra. 8 :7

c. Ti nonm sa sanble tou ak moun ki pa pale. Yo kenbe bagay nan kè yo e y'ap prepare vanjans yo. Gen yon jou kap rive pou yo defoule e pi yo eklate. Mak.9 :26
Men si yo rankontre ak Jezi, sa ka chanje.

Pou fini
Depi jodia, mwen ta konseye'w pou pa fòse pèsonn pale. Si ou vle chase move lèspri saa, bat pou egzekite preskripsyon Jezi a: Jene e priye. Mat.17 :21

Kesyon
1. Ki sa souda ak bèbè a ye ?
Se maladi moun ki pa tande e ki pa kap pale.

2. Ki lè ka saa te vinn devan Jezi ?
Lè disip yo te fè sa yo kapab pou li, men sa pa't mache

3. Ki lès nan disip yo ?
Sila yo ki pa't ale ak Jezi nan sèvis Jèn ak priyè a.

4. Ki jan maladi a te pran ti jen nonm nan ?
   Li fese'l atè, li kimen, li manje dan

5. Ki kondisyon ki pou ranpli pou li te kap geri ?
   a.   Disip yo te dwe jene e priye
   b.   Papa ti gason an te dwe gen fwa

6.   A ki moun ti nonm sa te sanble ?
     A jenn yo
     a.   Ki pa tande lè paran pale ak yo,
     b.   Yo fèmen bouch yo pou yo pa reponn ou
     c.   Men yo pa konn kote pou mete kò yo anba vye
          misik
     d.   Yo tonbe nan dwòg y'ap fimen mariwana.

7.   Ak ki moun ti nonm sa sanble anjeneral ?
     a.   Ti nonm saa sanble ak kretyen ki endiferan. Yo
          bouche zorèy yo ni bouch yo nan sa k'ap fèt
          anndan legliz yo. Yo toujou jwenn yon rezon
          pou yo pa patisipe, men yo byen chofe nan fèt,
          nan sèvis revèy yo. Entènèt ak televizyon
          dwoge yo. Tra. 8 :7
     b.   Ti nonm sa sanble tou ak moun ki pa pale. Yo
          kenbe bagay nan kè yo e y'ap prepare vanjans
          yo. Gen yon jou kap rive pou yo defoule e pi
          yo eklate.

8.   Ki sèl moun ki k'ap chanje sityasyon sa a ?
     Jezi

Leson 7
Zafè prejije a se yon move lèspri

Tèks sou leson an : Nonb. 12 : 1 ; 2Sam. 14-16, 20 ;
2Kwo. 26 :16 ; Jer. 13 :23 ; Lik.4 : 18-19 ; Jan. 3 :16 ; 8 :
36 ; Wòm. 3 :23 ; 6 :23 ; 2Pyè. 3 :13
Tèks pou li nan klas la : Nonb. 12 : 1-8
Vèsè pou resite : Mwen pale avè l' aklè, mwen pa ba
li parabòl. Mwen fè l' wè mwen. Ki jan nou fè penmèt
nou pale Moyiz, sèvitè m' lan, mal? Nonb.12 : 8
Fason pou fè leson an : Diskou, konparezon, kesyon
Bi leson an : Montre kretyen kote valè tout bon an soti

Pou komanse

Bondye renmen varyete. Se te lide pa'l pou'l kreye ni
moun, ni zanimo yo, ni tout bagay nou wè nan fòm li
vle, nan koulè li vle. Kote zafè prejije a soti ?

I. **Nan Satan, e men ki jan move lèspri saa
manifeste.**

1. **Dabò, moun nan pa pran'w pou moun**
   a. Yo refize'w tout dwa yo bay lòt moun,
      tankou ou menm ou pa moun.
   b. Poutan , y'ap fè sa yo vle ak ou, apre sa yo
      lage'w. 2Kwo.26 :16
2. **Answit yo meprize'w**
   a. Pa gen anyen nan ou ki atire yol. Yo wè
      mal tout sa ou fè ki byen.
   b. David mete deyò tout swè ki te nan kòl
      pandan l'ap danse devan Letènèl.

Men Mikal madanm li, ki te yon fanm aristokrat, wè pito ke se desann waa t'ap desann tèt li devan pèp. 2Sam.6 :14-16, 20

3. **Apre sa yo gade'w sou po**
   a. Moun nan refize chita menm kote avè'w akòz koulè'l, pozisyon 'l nan sosyete a, richès li ak gwo klas li te fè. Koulè'w ofanse'l.
   b. L'ap fè tout sa'l konnen pou bay ou pwoblèm.
      Mari leve yon grèv kont frè 'l Moyiz paske li ta'l marye ak yon fanm nwa nan peyi Etyopi Nonb.12 : 1
4. **Pou fini, yo montre'w prejije a nan figi'w**
   a. Yo vle inyore konpetans ou paske yo vle peye'w dapre koulè'w e dapre peyi kote' w soti. Jer.13 :23
   b. Ou fè menm erè ak yon moun, yo padonen'l men ou menm yo kondanen'w.

II. **Ki sa Jezi fè nan koze saa ?**
   1. Li vini pou'l konbat move lèspri saa. Piske **tout** moun peche, li deklare li se Mezi a pou sove **tout moun**. Wòm. 3 :23 ; 6 :23
   2. Li vin pote delivrans pou **tout** moun ki nan prizon kay Satan le Dyab. Lik. 4 :18-19 ; Jan.8 :36

Pou fini
An nou rejoui de libète nou jwenn nan Jezikri. Gen yon jou kap vini kote Bondye ap kreye pou nou yon lòt bitasyon kote pap gen prejije ankò.
Jan.3 :16 ; 2Pyè.3 :13

Kesyon

1. Ki moun ki fè tout kalite bagay e pouki sa ?
   Se Bondye ki fè yo pou fè tèt li plezi.

2. Kote prejije a soti ?
   Nan Satan

3. Ki jan move lèspri sa manifeste?
   Yo pa pran'w pou moun, yo meprize'w, yo gade'w
   sou koulè po'w, yo montre'w yo gen prejijie.

4. Eksplike
   a. Yo refize rekonèt dwa 'w.
   b. Yo entèprete mal tout sa 'w fè.
   c. Koulè po'w se yon ofans.
   d. Yo inyore konpetans ou.

5. Ki jan Jezi konbat move lèspri saa ?
   a. Li rekonèt **tout moun** tankou pechè ki pap
      janmen wè Bondye.
   b. Li vini ofri li pou sove **le monn antye**.
   c. Li vin pote delivrans pou tout **moun** ki te
      prizonye anba men Satan le Dyab.
   d. Li prepare yon plas pou nou kote pap gen
      prejije ankò.

Leson 8
Lespri démon, se yon move lèspri

Tèks sou leson an : Mat. 7 : 1 ; Lik.4 :33-37 ; 1Kor.3 : 12-13 ; 1Ti. 5 :24 ; 2Pyè.3 :17
Tèks pou li nan klas la : 1Kor. 3 : 12-17
Vèsè pou resite : Gen moun, anvan menm ou jije yo, ou gen tan wè tout peche yo aklè konsa. Gen lòt menm, se lontan apre ou wè sa yo fè ki mal.1Ti. 5 :24
Fason pou fè leson an : Diskou, konparezon, kesyon
Bi leson an : Se pou mete nou angad kont move lespri ki kache nan yon seri aktivite ou byen atitid ou ta kwè ki bon.

Pou komanse

Ki moun ki ta kwè ke la, andedan yon sinagòg, ou te kapab rankontre yon move lespri ? Nou fè konfyans a evanjelist Lik ki rapòte nou sa. Lik.4 :33.

I.   **Ki jan pou'w detèkte move lespri saa ?**
    1.   Se yon bagay ki difisil
        a.   Pòl fè pastè Timote konnen ke « gen de moun , ou pa bezwen fè jefò pou'w dekouvri move zak yo, san'w pa menm bezwen pale ak yo. Poutan, gen yon seri de moun ki koken, sa ap pran anpil tan pou'w dekouvri yo. 1Ti.5 :24
        b.   Jezi di nou pringa nou jije. Mat.7 :1
        c.   Se sèl Sentespri a ki kap detèkte yo. Lik.4 : 33-34

II. Ki jan pou nou konprann sa Lik di 'a ?

1. Pou mwen menm ak ou, fòk yon espri demon dwe pou li kalifye tankou move lespri. Pouki sa Lik pale konsa ?

    a. Se paske gen yon kalite move lespri ki degize. Yo kache dèyè sèvis y'ap rann nan legliz. Moun nan gen anpil zèl pou montre a tout moun ke li endispansab.

    b. Li kache dèyè bon jan 'l ak politès li e wa pran ti vwa dous li a pou yon sen nan mitan'w.

    c. Move lèspri saa fè moun nan li liv majik an kachèt, gade vye pwogram an kachèt, ki kòz move lespri vlope'l e pote'l fè vye bagay nan kò li e ak sèks li.

2. Bib la deklare ke gen yon jou pou tout zak nou yo sibi jijman Bondye. 1Kor.3 : 12-13

Pou fini

Kelke swa sa lòm ap fè, Bib la rekomande nou pou nou veye sou nanm nou, pou moun kòwonpi pa fè nou fè sa ki pa sa, pou kòz nou chite. 2Pyè.3 :17

Kesyon

1. Ki jan pou yon moun fè pou'l detekte yon lespri
   demon ki enpi.?
   Sa trè difisil

2. Pouki rezon ?
   a. Paske gen moun k'ap fè bagay ankachèt ou pa
      kap dekouvri yo.
   b. Paske Jezi mande nou pou nou pa jije.
   c. Paske se sèl Sentepri ki kapab detekte yo.

3. Ki jan pou nou konprann sa Lik di a ?
   a. Gen demon ki degise :
   b. Yo kache dèyè sèvis y'ap rann nan legliz.
   c. Yo kache dèyè bon jan ak politès, dèyè bèl ton
      vwa yo pou tronpe moun.
   d. Y'ap li liv majik, y'ap gade pwogram sal ki kap
      pote yo fè bagay sal

4. Ki sa Bib la di ?
   Jou jijman an Bondye ap mete tout bagay deyo.

5. Ki sa bib la rekomande nou ?
   Pou nou veye sou nanm nou pou moun kowonpi
   sa yo pa fè nou chite.

Leson 9
Pase moun anba rizib se yon move lèspri

Tèks sou leson an : Sòm. 1 : 1-6 ; Da. 5 : 27 ; Ef. 5 :4 ; Rev. 7 :15 ;16 :13
Tèks pou li nan klas la : Sòm. 1 : 1-6
Vèsè pou resite : Sa pa bon non plis pou nou kite gwo mo, pawòl san sans ak mo sal soti nan bouch nou. Bagay konsa pa dakò ak sa nou ye. Okontrè, se pou nou lapriyè pou di Bondye mèsi. Ef. 5 : 4
Fason pou fè leson an : Diskou, konparezon, kesyon
Bi leson an : Bat pou nou rete bò kote moun ki **pa gen move lide nan tèt yo**.

Pou komanse

Se pa san rezon Pawòl Bondye di nou pou nou pran distans ak moun kap moke moun. Yo pa janmen gen bon entensyon e ou pral konnen pouki.

I.   Ki moun nou di ki mokè ?
1. Se moun k'ap veye kan ou fè yon erè pou'l imilye'w.
2. Kan li fè yon move plezantri sou 'w, pou'l fè'w fache, li sezi paske'w fache. Li wè li pat di'w anyen la pou'w te fache.
3. Li tann lè gen lòt moun la pou'l pase'w anba rizib, pou'l di se jwe li t'ap jwe avè'w.
4. Li kontan lè'w tonbe nan pyèj li te pare pou'w. Sa se yon move lèspri. Li soti nan Satan. Vye pawòl moun sa yo ranpli kote'w ye ak pisans negatif ki kapab enfekte vi èspirityèl ou.

108

II. Ki sa k'ap tann mokè yo ?

Yo menm, yo pa peze nan balans Bondye. Yo tankou pay ke van charye voye tou patou. Da.5 :27 Bondye papa nou pap pran tan pou'w jije yo. Sòm.1 : 5

Yo gen pou fini mal. Y'ap peye pou tèt pa yo pou sa yo fè. Rès la ap rete pou pitit a pitit yo.

III. Ki jan pou nou viv ak moun ki gen move lèspri saa?

1. Lè y'ap pale, pa louvri bouch nan koze yo. Fè tankou ou pat tande.
2. Priye e medite Pawòl lannwit tankou la jounen. Sòm.1 :2
3. Sonje ke se prepare w'ap prepare'w pou'w al lwe Bondye nan syèl lannwit tankou la jounen. Tanpri pa **deranje tèt** ou pou moun ki **déjà deranje kip a ka ranje.** Rev. 7 :15
4. Bib la defann nou fè vye plezantri ki pa la sosyete. Ef.5 : 4

IV. Ki rekonpans ou va gen pou sa ?

1. Ou pral pote fwi ki fè Bondye plezi.
2. Ou pral reyisi nan tout sa w'ap fè e zye'w gen pou bay ou sa k'ap pase mokè yo. Sòm.1 : 3

Pou fini

Vi nan Levanjil la se yon bagay serye li ye. Konsa ou pa kapab pran vye koze mokè yo oserye. Fikse zye ou sou Jezi e li va delivre'w de move lespri saa.

Kesyon

1. Ki moun nou rele mokè ?
    a. Se moun k'ap veye kan ou fè yon erè pou'l imilye'w.
    b. Kan li fè yon move plezantri sou 'w, pou'l fè'w fache, li sezi paske'w fache. Li wè li pat di'w anyen la pou'w te fache.
    c. Li tann lè gen lòt moun la pou'l pase'w anba rizib, pou'l di se jwe li t'ap jwe avè'w.
    d. Li kontan lè'w tonbe nan pyèj li te pare pou'w.

2. Ki jan ou ka rele sa ?
    a. Se yon move lèspri. Li soti nan Satan.
    b. Vye pawòl li yo pote devenn nan mitan moun pou deranje vi èspirityèl ou.

3. Ki sa k'ap tann mokè yo ?
    a. Y'ap tankou pay van charye, voye yo tou patou
    b. Y'ap tann jijman Bondye.
    c. Yo gen pou fini mal.

4. Ki jan pou nou evite move lèspri ?
    a. Pa louvri bouch ou lè y'ap pale
    b. Rete ap priye e medite Pawòl Bondye
    c. Pa kite'w deranje pou moun ki deranje ki pa ka ranje.

5. Ki rekonpans Bondye sere pou'w ?
    a. W'ap pote fwi ki fè Bondye plezi
    b. W'ap reyisi nan tout sa w'ap fè

Leson 10
Ipokrizi se yon move lèspri

Tèks sou leson an : Mat. 6 : 2,5, 16 ; 22 :18 ; 23 : 13,14,15,23,25,27,29 ; Mak. 3 :11
Tèks pou li nan klas la : Mat. 6 : 5-8
Vèsè pou resite : Chak fwa move lespri yo te wè l', yo te tonbe nan pye l' ap plede rele: -Ou se pitit Bondye a.Mak. 3 :11
Fason pou fè leson an : Diskou, konparezon, kesyon
Bi leson an : Se pou nou vote pou laverite

Pou komanse
Ke ou ipokrit, ke ou pa ipokrit, Kovid 19 la blije tout moun pote mas. Kanaval sa la toujou e li pèmèt nou reflechi sou ki kondisyon lòm ap viv kounyeya.

I. **L'ap viv ak perèz**
    1. Li pè konsekans korona a pou li menm ak fanmiy li.
    2. Li pè tout moun e li blije gade sis pas de distans ak tout moun. Poutan li pa fè sa pou chyen'l ni pou chat kay li.
    3. Mas la kache idantite'l.
    4. E poutan bèt kay nou pa pote mas. Lè'w wè yon chyen, ou di se yon chyen. Le'w ou wè yon chat, ou di se yon chat. Men ou pa pakab wè tout moun pou'w ka idantifiye yo byen.

II. **Lèzòm ap kontinye viv nan laperèz**
    1. Menm si Kovid ta finn pase, lèzòm toujou pote yon ti mas fen, yo rele'l **ipokrizi** : **Ipokrizi a se yon viris** ki pi danjere pase korona viris. Yo jwenn vaksen pou korona

nan yon sèl ane, men depi plis ke 4 mil an yo pa kapab jwenn vaksen kont ipokrisi.
Mak 3 :11

2. Se yon move lèspri li ye. Li tèlman danjere ke Jezi pa ezite yon segonn pou li montre'l sou figi èskrib yo ak farizyen yo. Se yon viris ki kap detri le monn antye san bri, san kont.

3. Ipokrit la pran pòz li gen lapenn ou, men se li menm k'ap detri'w. Mat. 6 : 2,5, 16

4. Lè l'ap poze'w kesyon se ankèt l'ap mennen paske li pare yon pyèj pou'w. Mat.22 :18

5. Lè li anbrase'w, se toufe l'ap toufe'w
Mat. 23 : 13,14,15,23,25,27,29

Pou fini
Moun pa pran tan ak move lèspri saa, ou chase'l !

Kesyon

1. Ki leson nou jwenn nan KOVID 19 ?
    a. Tout moun pote mas. Ou pa kapab idantifye tout moun.
    b. Ou ka rekonèt yon chyen, yon chat, men se pa tout moun .

2. Ki sa kovid 19 la kite pou nou ?
    Nou pa pè chyen ak chat, men nou pè moun kanmarad nou.

3. Ki mas lòm gade sou figi'l menm apre Kovid la fin pase?
    Ipokrizi

4. Ki jan'l ye ?
    a. Se yon viris ki pi danjere pase Kovid
    b. Jis kounyeya yo poko ka jwenn vaksen pou li.
    c. Se yon viris tout moun dwe pè.
    d. Li kapab detrui le monn antye

5. Ki fason li opere ?
    Ipokrit la tann pyèj pou rou, menm lè l'ap poze'w kesyon.

6. Lè li bay ou akolad, se pou'l toufe'w pi byen

7. Ki sa Jezikri rekomande nou?
    Pou nou pa pè denonse'l e chase'l

Leson 11
Mechanste se yon move lèspri

Tèks sou leson an : Mat. 12 : 22-24 ; Tra.17 :1-9 ;
1Kor.10 : 1-11 ; 2Kor. 11 :10-12 ; Fil.4 : 8
Tèks pou li nan klas la : Tra. 17 : 1-9
Vèsè pou resite : Pou fini, frè m' yo, mete lide nou
sou bagay ki bon, ki merite lwanj: bagay ki vre, ki kòrèk,
ki dwat, ki bèl, ki p'ap fè nou wont. Fil.4 : 8
Fason pou fè leson an : Diskou, konparezon, kesyon
Bi leson an : Pou nou evite moun ki mechan

Pou komanse
Lòm pa ni yon anj ni yon bèt. Li toulede alafwa. Men
kan bèt la parèt toutaklè, ou menm pran gad ou paske'l
mechan.

I.   **Ki jan li parèt ?**
  1. **Li bay ou yon kou an trèt:**
      a.   Nou konn wè lè chat ap monte do'l, l'ap
           frote sou'w; men si pa malè ou pile'l, l'ap
           mete san'w deyò ak yon sèl kout grif
      b.   Gen moun ki montre yo dous dapre
           edikasyon yo. Men yo kache mechanste yo
           anba politès la pou yo abize'w.
      c.   Pòl blanmen atitid sa kay frè nan legliz
           Korent la. 2Ko.10 : 10-11
  2. **Li kap aji tou ak tout fòs li :**
      a.   Yon chyen mawon pa padonen pèson.
           L'ap devore'w.
           Konsa gen moun tou ki pini lòt moun
           twòp pou nenpòt ti bagay.
      b.   Lòske Jazon te resevwa Pòl ak Silas kay li
           nan peyi Tesalonik, jwif yo ki kont

Levanjil la, yo brote'l nan tribinal pou sa. Yo akize Jazon paske li bay ladòmi kay li a moun yo di « ki mete lemonn antye tèt anba ». Tra.17 :6

c. Yo deklare ke Pòl ak Silas ap mennen kanpay pou Jezi pou yo mete Seza atè. Tra. 17 : 7
Yo fè Jazon peye yon kòb anba pou'l jwenn libète pwovizwa pou 'l pat dòmi nan prizon. Tra.17 : 5-9

3. **Li kap gade bèl bagay ou fè, apre sa yo di se pwen Dyab ou genyen**
Gade ki jan yon foul bat bravo pou Jezi paske'l te geri yon nonm soud e bèbè. Lè farizyen yo tande sa, yo di se ak pwen Bèlzebil li te geri nonm nan. Mat.12 : 22-24

Pou fini

Pa gen moun k'ap sèvi Bondye k'ap janm dakò ak mechan sa yo. Men si ou menm ou ta vle gen bon lide nan tèt ou, bat pou'w jwenn foto'w nan albòm sa ke apòt Pòl fè soti la : Fil.4 : 8
Bat pou gen nan panse'w tou sa ki vre, ki kòrèk,ki dwat, ki bèl, e ki pap fè moun wont.

Kesyon

1. Bay nou nan leson saa twa kalite mechanste nou jwenn kay lòm parèy nou.
   Yo trèt, yo mechan, yo sal non Bondye

2. Fè yon ti rale sou trèt la
   a. Moun nan grafiyen'w ak vye mo tankou yon chat ta fè.
   b. Paske li wè'w dous, li kwè se fèb ou fèb, konsa li abize'w.

3. Fè yon ti rale sou mechanste a
   Moun nan aji brital pou'l enpoze'l ou byen pou'l pini'w pou yon ti bagay tou senp.

4. Fè yon ti rale sou blasfèm nan
   Tout moun bat bravo pou gerizon Jezi fè pou yon nonm ki te soud e bèbè. Farizyen yo deklare se pwen Dyab li genyen ki fè'l fè sa.

5. Ki sa'w dwe fè pou 'w gen bon lide nan tèt ou ?
   Medite sou Filipyen 4 : 8
   Bat pou gen nan panse'w tou sa ki vre, ki kòrèk, ki dwat, ki bèl, e ki pap fè moun wont.

116

Leson 12
Konsekans move lèspri nan yon moun

Tèks sou leson an : Jij. 16 :20-21 ; Sòm. 18 :7 ; Mat. 17 : 21 ; Jan. 3 : 14-15 ; Wòm. 7 : 15 ; 8 :14 ; 1Jan.1 : 9 ; Rev. 1 :5 ; 2 : 5 ; 3 :20
Tèks pou li nan klas la : Ro. 8 : 14-17
Vèsè pou resite : Lè sa a, Dalila rele: -Samson! Men moun Filisti yo sou ou! Msye leve, li t'ap di nan kè l' l'ap soti anba kòd yo, l'ap met deyò tankou lòt fwa yo. Men, li pa t' konnen Seyè a pa t' avè l' ankò. Jij. 16 :20b
Fason pou fè leson an : Diskou, konparezon, kesyon
Bi leson an : Fè sa'w konnen pou'w pa kite move lèspri antre sou ou.

Pou komanse
Dapre' w menm, eske yon piti Bondye ka posede ak yon move lèspri ? Ki jan sa te kap fèt?

I.   **An nou wè koman Lespri fonksyonen :**
1.   Sentèspri a abite nan lespri nou kan nou louvri kè nou pou'l antre. Rev. 3 :20
2.   Lè saa, li kontwole emosyon nan nanm nou e li pèmèt nou aji dapre volonte Bondye. Ro.8 :14
3.   Depi nou sispann veye e priye, Satan pase pa kò nou pou'l anvayi nanm nou e pran plas Sentepri a ki te chita nan kè nou. Jij.16 :20
Konnen ke nou pa robo, nou gen volonte nou lib pou fè sa nou vle. Men si nou santi nou nan detrès, Bondye di nou kap rele'l pou'l delivre nou. Sòm.18 :7

II. Si se pa sa, men sa ki va rive

1. Peche a chita nan nou. Nou vin èsklav Dyab la e nou tou prèt pou nou dezobeyi Bondye: Jij.16 :21

2. Yon bann vye enflyans vlope nou ki vin enfekte vi èspirityèl nou. Wòm.7 :15

3. Dyab la fè nou vinn avèg. Li mennen nou kote'l vle tankou li te fè ak Samson. Jij. 16 :21

III. Ki jan pou nou soti anba men'l ?

1. Kelke swa distans ou trouve'w la, rele Jezi. Jan.3 : 14-15

2. Se pou'w konsyan ke'w peche e mande Bondye padon. 1Jan.1 : 9 ; Rev 2 : 5

3. Fòk ou temwaye sa Bondye fè pou rou sou bwa Kalvè a gras a san Jezikri. Rev.1 :5b

4. Fòk ou viv nan jèn ak priyè. Mat. 17 :21

Pou fini

Sèl moun ki gen kè yo pwòp kap wè Bondye. Bat pou move lèspri ka chase nan nanm ou pou Jezi ka sèl wa nan la vi'w.

Kesyon

1. Ki jan sa fè fèt pou yon pitit Bondye posede ak yon move lèspri ?
    a. Sentèspri a abite nan lespri nou kan nou louvri kè nou pou'l antre.
    b. Lè saa, li kontwole emosyon nan nanm nou e li pèmèt nou aji dapre volonte Bondye.
    c. Depi nou sispann veye e priye, Satan pase pa kò nou pou'l anvayi nanm nou e pran plas Sentepri a ki te chita nan kè nou.

2. Ki sak ka rive si nou pa envite Sentespri Bondye a nan la vi nou ?
    a. Peche a chita nan nou. Nou vin èsklav Dyab la e nou tou prèt pou nou dezobeyi Bondye:
    b. Yon bann vye enflyans vlope nou ki vin enfekte vi èspirityèl nou.
    c. Dyab la fè nou vinn avèg. Li mennen nou kote'l vle tankou li te fè ak Samson.

3. Ki sa pou nou fè pou nou soti anba men'l ?
    a. Kelke swa distans ou trouve'w la, rele Jezi.
    b. Se pou'w konsyan ke'w peche e mande Bondye padon.
    c. Fòk ou temwaye sa Bondye fè pou'w sou bwa Kalvè a gras a san Jezikri.
    d. Fòk ou viv nan jèn ak priyè.

Lis vèsè yo

1. Menm lè a, disip yo vin rive. Yo te sezi wè Jezi t ap pale ak yon fanm. Men, pèsonn pa t oze mande li: "Ki sa ou ap chache?" ni "Pou kisa ou ap pale avè l?"? Jan. 4 : 27a

2. Pandan Jezi te byen lwen ap vini, nonm lan wè li. Li kouri vin sou Jezi epi li mete ajenou devan l. Mak. 5 :6

3. Se pou tout moun veye kò yo ak zanmi yo. Pesonn pa ka fè frè yo konfyans. Paske tout frè vle pase devan pwòp frè yo. Tout moun ap bay zanmi yo kout lang. Jer. 9 :4

4. Men, moun peyi Jida yo t'ap plede di: -Nou fin fèb nan pote chay! Gen twòp vye ranblè pou n' netwaye! Nou p'ap janm fin rebati miray sa a! Ney. 4 :10

5. Men Jezi pa t' okipe sa yo t'ap di a. Li di chèf sinagòg la: -Pa pè. Sèlman met konfyans ou nan mwen. Mak. 5 : 36

6. Men, kalite lespri sa yo, se fòs lapriyè ak jèn ki pou fè yo soti. Mat. 17 :21

7. Li di yo konsa: -Tande byen sa m'ap di nou la a. Lè gen yon pwofèt nan mitan nou, se nan vizyon mwen fè l' wè mwen, se nan rèv mwen pale avè l'? Nonb 12 :6

8. Gen moun, anvan menm ou jije yo, ou gen tan wè tout peche yo aklè konsa. Gen lòt menm, se lontan apre ou wè sa yo fè ki mal.1Tim 5 : 24

9. Sa pa bon non plis pou nou kite gwo mo, pawòl san sans ak mo sal soti nan bouch nou. Bagay konsa pa dakò ak sa nou ye. Okontrè, se pou nou lapriyè pou di Bondye mèsi. Ef. 5 : 4

10. Chak fwa move lespri yo te wè l', yo te tonbe nan pye l' ap plede rele:Ou se pitit Bondye a. Mak 3 :11

11. Pou fini, frè m' yo, mete lide nou sou bagay ki bon, ki merite lwanj: bagay ki vre, ki kòrèk, ki dwat, ki bèl, ki p'ap fè nou wont.Fil.4 :8

12. Lè sa a, Dalila rele: -Samson! Men moun Filisti yo sou ou! Msye leve, li t'ap di nan kè l' l'ap soti anba kòd yo, l'ap met deyò tankou lòt fwa yo. Men, li pa t' konnen Seyè a pa t' avè l' ankò.Jij. 16 :20

TÒCH KI PA RETE AK OKENN TÒCH

Dife Tou Limen 21 - Seri 4

GRAS A SENTESPRI A

Avangou

Si tout kay ap tann yon lokatè pou abite'l, si tout vwati ap tann yon chofè pou kondi'l, pou lòm menm, li dwe tann syèl la pou'l fonksyonen. Se la wòl Sentespri a komanse. N'ap mande Bondye ke fòs saa k'ap soti anwo pou'l abite nan 'w, pou pèmèt ou aji nan tout kapasite'w e pou'w santi l'ap aji nan ou pandan w'ap medite sou sijè saa.

Pastè Renaut Pierre-Louis

Leson 1
Travay Sentespri a lè tè a te fèk dedwanen

Tèks sou leson an : Jen. 1 :1-3, 14-19 ; 7 : 17-22 ; Jan.1 : 1-3 ; 8 :12 ; 11 :9 ; 16 : 8, 13-14 ; 1Kor.2 :10
Tèks pou li nan klas la : Jan. 8 : 1-12
Vèsè pou resite : Men latè pa t' gen fòm, li pa t' gen anyen sou li. Fènwa te kouvri toupatou. Lespri Bondye t'ap plane sou dlo ki te kouvri tout latè. Jen. 1 : 2
Fason pou fè leson an : Diskou, konparezon, kesyon
Bi leson an : Wè wòl entèspri lè Bondye tap pare tè a

Pou komanse
Lè Papa Bondye, Pitit la ak Sentespri a te deside pou louvri yon chantye sou planèt nou an, n'ap mande ki jan sa te ye avan e ki plan Bondye te genyen pou li ? An nou chita koute listwa.

I.   **Latè pa te abitab.**
   1.   Li te nan tchouboum e li pat gen anyen ladan. Jen.1 :2
   2.   Tout tè a te anba dlo. Ou pat ka wè menm pi gwo mòn ki genyen ladan. Jen. 1 : 2 ; 7 : 19
   3.   Kote'w pase, li te fè nwa. Jen. 1 :2

II.   **Koman nou te fè konn sa ?**
   1.   Se paske Sentespri a te soti pou fè ronn la tè, e lè'l fin fè enspèksyon an, li rapòte ke tè a nan tchouboum, li vid e li nan fè nwa. Jen. 1 :2
   2.   Apre rapò saa, Papa Bondye deside e li di : « Limyè se tou pa w, parèt ! ». Ki sa limyè saa te ye ?

III. « Sa sa vle di ke limyè parèt ! »

« Sa vle di : Ke limyè a manifeste. Se pat ni solèy ni la lin ki vini nan katriyèm jou a. Sa vle di apre plizyè milyon ane. Jen e.1 : 14-19

1. Mwen tande Jezi ki di : « Mwen menm se limyè pou tout monn nan.». Jan.8 :12
2. Jan apiye'l lè li di :« **Bondye se limyè e li pa gen tenèb nan li. Sa vle di, li pa kite lonbraj tankou solèy pa nou an**. 1Jan.1 : 5
3. Jezi se limyè tout bon an **ki klere** tout moun lè'l vini. Jan.1 :9
4. Men se Sentespri a ki kap **penetre** tout moun. Jan.16 :8
5. Sentespri a pran nan Jezi tout sa li vin anonse nou. Jan.16 : 14
6. Li la pou mennen nou nan pye verite a. Jan.16 :13
7. Li pa plis limyè ke **Jezi, ki limyè pou tout moun sou planèt la. Jan.8 :12**

Pou fini

Asèpte depi jodia ke Sentespri a ki sonde tout bagay, menm sa ki nan Bondye, fè otorite nan la vi'w. 1Kor.2 :10

Kesyon

1. Ki te premye plan Bondye pou planèt nou an.
    Li te vle mete lokatè ladan.

2. Ki jan la tè te ye avan ?
    a. Li te nan tchouboum, li pat gen anyen ladan
    b. Li te nan fè nwa e li te neye anba dlo.

3. Koman nou fè konn sa ?
    Dapre rapò enspeksyon Sentespri a.

4. Ki desizyon ki te pran depi premye jou a ?
    Pou limyè kap pran plas li.

5. Ki lè solèy ak lalin parèt nan linivè ?
    Obout katriyèm jou a.

6. Koman Jezi rele tèt li ?
    Limyè pou tout monn nan, limyè tout bon vre a.

7. Kamera Sentespri a sou ou kounyeya, ki sa li kap
    detèkte ?
    Tout bagay

Leson 2
Envansyon fèt pa operasyon Sentespri a

Tèks sou leson an : Egz. 31 : 2-6 ; Jij. 13 : 5, 16 ; 25 ;
Je. 1 :5 ; Ef.3 :20
Tèks pou li nan klas la : Egz. 31 : 1-6
Vèsè pou resite : Mwen mete lespri m' sou li an kantite
pou l' ka gen ladrès, bon konprann ak konesans pou l'
fè tout kalite travay atizan yo konn fè,4 pou l' ka fè bèl
desen, pou l' travay yo an lò, an ajan ak an kwiv,
Egz. 31 : 4
Fason pou fè leson an : Diskou, konparezon, kesyon
Bi leson an : Montre ki jan Sentespri a distribye don a
tout moun selon volonte'l.

Pou komanse
Depi avan nou fèt, Bondye déjà prevwa ki lespri li pral
fè abite nan nou. Se pou bon plezi'l li fè sa pou devlope
planèt la e kreye divèsite. Men ki jan li fè distribisyon
an :

I. **Li bay kèk moun don èspesyal**
    Pou devlope tèknoloji
    1. Li chwazi Betsaleyèl e li mete nan li Lespri
        sajès, entelijans pou 'l fè tout kalite
        envansyon.
        Egz.31 : 2-4
    2. Li pran Oroliyab, li bay li adrès pou travay
        tankou asosye ak Betsaleyèl. Egz. 31 : 6

II. **Li bay lòt don èspesyal nan fòmasyon militè yo**
    Depi nan vant madanm Manoa, li te prepare
    Samson pou li te komanse wete Izrayèl anba men
    Filisten yo. Jij.13 :5

1. Bondye beni Samson e Lèspri te komanse fè mouvman nan li depi nan bouk Makane-Dan. Jij.13 :25
2. Samson te si tèlman gen fòs ke pèsonn moun pa't ka bat li. Jij. 15 :16

III. Li bay moun don profesi pou yo gen yon pouvwa san limit sou tout nasyon

Lè Bondye te chwazi Jeremi pou pwofèt li, misye ap rale kò'l , li di se yon ti moun li ye. Koute sa Letènèl reponn li :

M' te konnen'w avan ou te tonbe nan vant manman'w. Se depi lè saa mwen te konsakre'w, mwen te mete'w pwofèt sou tèt anpil nasyon.
Jer. 1 : 5

Pou fini

Lèspri a se pisans la kap aji nan nou pou fè pi plis pase sa nou mande ou byen sa nou kap imajinen. Lè'l pale ak ou, koute'l. Ef.3 :20

Kesyon

1. Kote lòm trouve pouvwa pou'l fè tout envansyon
   yo nou konnen an ?
   Nan Sentespri a

2. Ki kote Samson te jwenn fòs pou pèsonn pa't ka
   bat li ?
   Nan Sentespri a

3. Kote don pou pwofetize Jérémi an te soti ?
   Nan Sentespri a

4. Ki sa ki te fè Jeremi sezi ?
   Lespri ki te pou dirije'l la, te la avan manmam'l te
   fèt.

5. Ki kote Bondye mete espri'l kounyeya ?
   Ann dan nou

Leson 3
Nwaj Chekinaa ki tounen dife nan lanwit.

Tèks sou leson an : Egz. 13 : 21-22 ; 14 : 16-20 ;
Nonb 9 : 15-23 ; 12 : 1-10 ; Sòm. 121 : 1-6 ; Jan. 16 :13
Tèks pou li nan klas la : Nonb.9 : 15-23
Vèsè pou resite : Chak fwa nwaj la fè yon leve anwo
tant lan, la menm moun pèp Izrayèl yo leve, epi yo pati.
Lè li desann poze sou tant lan, yo rete, yo moute tant
yo la.. Nonb.9 :17
Fason pou fè leson an : Diskou, konparezon, kesyon
Bi leson an : Bat bravo pou prezans Bondye nan mitan
pèp li a

Pou komanse
Nou voye yon gwo kout chapo pou meteyo pou tout
enfomasyon li bay nou sou tanperati a. Men n'ap
mande, eske'l ka ale pi lwen pase sa. An nou wè prezans
Chekina nan mitan pèp la.

I.   Ki sa Chekina a fè

1.   Chekinaa se te yon nyaj ki pa bay la pli. Se te
     fason Bondye li menm li manifèste glwa li
     devan pèp li a.

     Pèp Izrayèl la te fè eksperyans avè'l lè yo t'ap
     kite peyi Lejip. Egz.13 :21-22
     a.   Li te gide yo e li te fèmen je lènmi an pou'l
          pa't ka wè yo. Egz.14 : 20

b. Sete yon kòlonn nwaj anwo nan syèl la pou kalme chalè sou tèt yo lajounen paske solèy la cho anpil nan Dezè a. Men li tounen yon gwo flanm dife aswè pou kraponen bèt sovaj yo ak lènmi ki ka atake yo lè y'ap dòmi.
Egz. 13 :22 ; Nonb.9 :15-16

II. Ki lè Chekina a parèt?

1. Pèp la derape kan nwaj la deplase. E li kanpe tou lè'l kanpe e nan kote'l kanpe. Nonb. 9 : 17
2. Si yo pa konsidere sa, chalè nan Dezè a ap kòz yo gen la lèp. Se te konsa Letènèl te frape Mari sè Moyiz la pou pini'l paske li te rasis e li te gen prejije. Nonb.12 : 1, 10

III. Ki sa Chekinaa vle di nan la vi èspirityèl nou ?

Li reprezante Sentespri ki la pou gide nou chak jou nan verite a. Jan. 16 : 13

Jozye te si tèlman konsyan de sa pisans Sentespri ka fè, ke li te vle konvenk Izrayèl pou yo pa pè jeyan Anakim yo **paske yo pa gen lonbraj Bondye pou kouvri yo.** Nonb.14 :9

Pou fini

Bat pou nou rekonèt enfliyans Sentespri a nan tout sa n'ap fè (biznis nou, maryaj nou, vi pèsonèl nou) . Konsa Letènèl ap gen zye'l sou nou depi nan komansman jouk la fen . Sòm. 121 :6

Kesyon

1. Ki sa Chekinaa ye ?
   Chekinaa se fason Bondye li menm li manifèste glwa li devan pèp li a.

2. Ki sa Chekinaa fè pou pèp la ?
   Sete yon kòlonn nwaj anwo nan syèl la pou kalme chalè sou tèt yo lajounen. Men li tounen yon gwo flanm dife aswè pou kraponen bèt sovaj yo ak lènmi ki ka atake lè yo pa ta kwè

3. Ki lè Chekinaaa travay?
   a. Pèp la derape kan nwaj la deplase. E li kanpe tou lè'l kanpe e nan kote'l kanpe.
   b. Si yo pa konsidere sa, chalè nan Dezè a ap kòz yo mouri ak lèp.

4. Ki sa Chekinaa te reprezante nan vi èspirityèl nou?
   Li reprezante Sentespri ki la pou gide nou chak jou nan verite a.

5. Ki avantaj nou jwenn nan Chekina ?
   Letènèl ap gen zye'l sou nou depi nan komansman jouk la fen

Leson 4 - Ki jan Sentespri a ka makiye yon moun

Tèks sou leson an : Estè. 2 : 1-18 ; 5 : 1-8 ; 8 : 7-10 ; Eze. 3 : 1-27

Tèks pou li nan klas la : Ez. 3 : 1-9

Vèsè pou resite : Koulye a, m'ap fè ou kenbe tèt ak yo tankou yo kenbe tèt ak mwen an, pou ou ka koresponn ak yo. Ez. 3 : 8

Fason pou fè leson an : Diskou, konparezon, kesyon

Bi leson an : Montre nou ki jan bèl vi èspirityèl nou an gen plis valè ke bèl koulè po kò nou.

Pou komanse

Si ' w ta vle mete yon bon koup nan tè ou, mwen gen bon estidyo kote m'ka mennen'w.

I. **Ou menm jenn jan, kite'm mennen'w kote Ezekyèl .Eze. 3 : 7-9**

Mande'l sa'k fè fontenn li di e li klere konsa. Eze. 3 : 7

1. Pou'w menm ki pa te la, men sa'm tande'l reponn :

2. Se Bondye menm ki ranje figi'm konsa paske li te mete'm pwofèt li pou'm pale ak pitit Izrayèl yo ki nan diaspora babilòn nan. Eze. 3 : 4

   a. Bondye konnen davans ke yo pap vle koute'm paske yo gen kè yo di ak mechanste e rebèlyon. Li pare'm konsa pou' m kontre ak yo.
   Eze. 3 : 7

   b. Lè'w byen gade, li fè fontèn mwen di tankou diaman, pi di pase wòch, se pou'm pa pè yonn nan yo. Ez. 3 : 9

II. Pou jenn medam yo, eske nou pare déjà pou 'n ale nan estidyo ak Estè ?

    1. Wi. Nou rive la, men nou pa jwenn anyen ki pi cho pase sa. Dapre sa nou wè, Estè te yon fiy senp, li te modere nan makiyaj pou fè'l bèl. Estè. 2 : 12, 15

    2. Li pat yon fiy cho di tou. Poutan, li rete tann se waa ki mande pou li. Tout 126 kandida yo finn wè ak waa déjà ; se obout 300 jou wa rele Estè pou li al pase egzamen. Eske nou konnen ke se li wa te pi renmen e li fè'l rèn !

    3. Waa mete kouwòn sou tèt li nan plas rèn Vasti. Estè 2 : 17

III. An nou fè yon refleksyon:

Estè te pran swen nanm li piplis pase li te pran swen po kò'l. Se la sekrè'l pou'l te genyen kè yon wa e fè revoke yon premye minis!
Estè. 4 :16 ; 7 : 7-10

Pou fini

Medam, bat pou nou senp. Tann se Bondye ki mete makiyaj nan figi nou. Ak ti dwat li sèlman li va bay nou yon bote èspirityèl ki va louvri menm pòt syèl la pou nou.

Kesyon

1. Ki sa nou ka di de makiyaj Ezekyèl la ?
Se Bondye li menm ki fè fontènn li di tankou diaman

a. Paske li te gen pou'l pote mesaj Letènèl la devan pitit Izraryèl yo ki te mechan e ki gen kè di.

b. Pèp sa pa gen tande

c. Bondye bay Ezekyèl makiyaj saa pou pwofèt la pa kraponnen devan yo.

2. Ki temwanyaj yon jenn fiy kap bay sou bote Estè ?
   a. Twalèt Estè te senp.
   b. Li pat yon fiy èstravagan. Li te chwazi ti atik twalèt tou senp. Li te gen pasyans pou li tann ke se waa ki mande pou li.

3. Ki jan sa te fini ?
   a. Wa te rele Estè obout 300 jou le'l fin pase 126 kandida. Se Estè ki te loreya.
   b. Wa mete'l rèn nan plas Vasti

4. Ki sa ki fè'l te gen viktwa saa ?
   Li te plis pran swen nanm ni nan jèn ak priyè ke li te pran swen kò'l.

5. Vre ou fo
   a. Ezékyèl te gen moun li nan gouvèman an, se sa'k fè li te dominen pèp la __ V __F
   b. Ezékyèl te gen espri Bondye sou li__ V _ F
   c. Estè te kon jene e priye. __ V __ F
   d. Este te pi bèl pase 126 kandida yo __ V __F
   e. Sentespri a te makiye Estè pou bay li gwo viktwa saa __ V __F

Leson 5
Lèspri Bondye fè yon transfè

Tèks sou leson an : 1Sam.9 : 20 ; 10 : 6-9 ; 9 :20 ; 10 :8 ; 13 : 8-14 ; 16 : 8, 11-14 ; 13 : 13-14 ; 17 : 50 ; 18 : 14-15 ; 22 :1,23 ; 28 :26
Tèks pou li nan klas la : 1Sam. 16 : 12-16
Vèsè pou resite : Samyèl pran ti poban lwil la, li vide l' sou tèt David, la devan tout frè li yo. Lamenm Lespri Seyè a desanm sou David. Depi jou sa a, li pa t' janm kite l'.1Sam. 16 : 13b
Fason pou fè leson an : Diskou, konparezon, kesyon
Bi leson an : Fè kretyen yo sonje pou yo pa jwe ak Sentespri a.

Pou komanse

Si 'w kwè ke Sentèspri a se kay yon moun ou yon nasyon ke'l li soti, lè'w swiv istwa wa Sayil ak David, w'ap blije chanje lide 'w. Ki moun yo te ye ?

I. **Sayil, yon nonm Bondye te kalifye ki pèdi kalifikasyon'l.   1Sam. 9 :20 ; 10 :6-9**
    1. Se li ki te premye wa nan peyi Izrayèl. Konsa li leve l'al pran plas sakrifikatè sou lotèl Bondye a. Men sa ki la kòz Bondye mete'l atè. 1Sam.13 : 8-14

II. **David, yon ti nonm san valè ke Bondye kalifye 1Sam. 16 : 11-14.**
    1. Lòske Letènèl voye pwofèt Samyèl kay misye Izayi pou chwazi yon wa pami pitit li yo, pa gen okenn nan yo ki te kalifye. 1Sam.16 :6-8
    2. Poutan moun nan Bondye li menm te vle a, li pa te menm la. Sete David, yon ti gadò

mouton ke papa'l pa't bay li vale, men'l renmen bay Bondye Lwanj. 1Sam. 13 : 14 ; 16 : 12

Letènèl transfére sou David lespri a ki te sou Sayil la. Depi lè saa, Sayil genyen sou li yon move lespri e se move bagay tou sèl li kap fè devan Letènèl. 1Sam. 16 : 13-14

III. Ki jan nou kap bay prèv ke transfè saa te fèt ? Ak yon sèl ti wòch nan yon pistibal David touye gwo jeyan Goliat la. 1Sam. 17 : 50

1. Frè li yo ki pat kwè li te kapab touye jeyan an, gen yon jou ki rive, yo kite lame Sayil la pou y'al ranfòse lame David la.1Sam. 17 : 25-28 ; 22 :1

2. David te tèlman konnen ke lèspri Bondye te sou li, ke li di Abiata » « Li pi bon pou'w rete bò kote'm, paske ak mwen w'ap jwenn sekirite. 1Sam.22 :23

3. David reyisi nan tout bagay pandan ke wa Sayil pèdi nan tout bagay. 1Sam.18 :14-15 ; 28 :26

Pou fini

Konsèy mwen gen pou'w jodia, se depoze devan pye Senyè a sa'w konnen, sa'w posede, e sa'w kwè'w ka fè. Sa vle di wete tout sandal lògèy ki bay ou yon ti otè. Se lè sa e lè saa sèlman Sentespri a a kalifye' w.

Kesyon

1. Ki moun Sayil te ye?
    Li te premye wa nan peyi Izrayèl.

2. Pouki sa Letènèl te revoke'l ?
    a. Paske li te vle pran pòz pwofèt nan plas pwofèt
        Samyèl.
    b. Bondye pito mete yon moun ke'l ka dakò avè'l.

3. Ki moun sa?
    a. Se te David, yon jenn ti gadò mouton
    b. Yon moun ki renmen bay Letènèl lwanj

4. Ki favè Letènèl te fè'l ?
    Letènèl transfére bon lèspri Sayil la sou David.

5. Ki prèv nou genyen de transfè saa ?
    a. Ak yon sèl ti wòch David vide jeyan Goliat la
        atè
    b. Frè'l yo kite lame Sayil la pou vinn jwenn li.

6. Ki lè Sentespri Bondye a dakò pou'l kalifye yon
    moun ?
    Kan moun nan asèpte bese devan Bondye.

Leson 6
Sentespri a kraze yon manifèstasyon

Tèks sou leson an : Jen. 35 :22 ; 49 : 3-4 ; Nonb.16 : 1-15, 32-49 ; Sòm. 16 : 8-9

Tèks pou li nan klas la : Nonb. 16 : 1-7

Vèsè pou resite : Se konsa malè a te sispann. Arawon te kanpe nan mitan ak mò yo yon bò, moun vivan yo yon lòt bò. Nonb.16 : 48

Fason pou fè leson an : Diskou, konparezon, kesyon

Bi leson an : Se pou nou aprann remèt Bondye tout ka ki depase nou.

Pou komanse

Pa gen anyen ki pi veksan pou 'w wè pwòp fanmiy ou mete ak etranje pou pèsekite'w.   Moyiz te konn pwoblèm saa lè li te nan fon Dezè Sinayi a

I.   **Ki jan sityasyon saa te ye ?**
Koré, Datan, Abiram ak On mete 250 manm komite ak yo pou pran pouvwaa nan men Moyiz. Mande'm pouki ?

1.   Se te akòz yon jalouzi nan fanmiy nan : Ni Koré, ni Moyiz toulede fè pati tribi Levi a. Konsa, Kore te genyen anbisyon pouvwaa. Nonb. 16 :1, 7-10

2.   Se te tou akòz pozisyon de ran sosyal: Datan, Abiram ak On, tout se pitit a pitit Riben, premye pitit Jakòb. Nonb.16 : 13
Yo pa kalifye pou gouvènen nan peyi Izrayèl paske Jakòb **te retire dwa pi gran nan men Riben** poutèt li te kouche Bila yonn nan madanm li yo .
Jen.35 :22 ; 49 : 3-4

II. Ki jan tout moun sa yo montre yon henk kont Moyiz ?

Yo vle blije Moyiz siyen demisyon'l.
Nonb.16 : 2-3

III. Ki jan Moyiz defann tèt li devan opzisyon an ?
1. Li bese byen ba. Nonb.16 :4
2. Li bay yo randevou devan Letènèl, men rebèl ke yo ye, yo pa asèpte okenn aranjman. Nonb.16 : 12
3. Moyiz fè Kore konprann ke li pa konpetan pou'l fè sèvis nan tabènak la. Nonb.16 : 7-10
4. Si se pou zafè lajan, li pran Bondye kòm temwen ke li pa touche senk kòb nan men yo Nonb. 16:15

IV. Ki jan Bondye li menm li reyaji ?
1. Li mande pou tout bandi yo kanpe devan pòt kay yo ak tout fanmiy yo, ak tout byen yo. Nonb.16 :23-24
2. Bondye louvri vant latè ki anglouti yo tout apre sa li fèmen'l sou yo. Nonb. 16 :32
3. 14,000 moun ki te fache tonbe mouri menm jou a. Nonb.16 : 41,49
4. Si Araron pat kanpe ant moun ki vivan ak sak mouri yo pou mande gras pou rès la, tout t'ap peri. Nonb.16 : 47-48

Pou fini

Avan yon moun panse pèsekite yon pitit Bondye, di'l pou'l gade byen si 'l pa wè Jezi kanpe bò dwat li.
Sòm. 16 : 8

Kesyon

1. Ki sa ki pi veksan pou yon lidè ? Lè 'w wè se pwòp fanmiy ou ki mete ak etranje pou pèsekite'w.

2. Nan ki ka Moyiz te trouve'l ?
   Koré, ki yon levit nan menm tribi ak Moyiz mete 250 manm komite ak li pou jete Moyiz.

3. Ki sa Moyiz fè nan ka saa?
   a. Li bese byen ba.
   b. Li bay yo randevou devan Letènèl.
   c. Li fè Kore konprann ke li pa konpetan pou'l fè sèvis nan tabènak la. No.16 : 7-10
   d. Li fè yo konnen ke se pa yo ki peye'l

4. Pouki sa pitit pitit Riben pa gen dwa dirije nan Izrayèl ? Paske Riben te kouche madanm m papa'l, li pèdi dwa pi gran an.

5. Ki sa yo te vle ojis ? Pou Moyiz siyen demisyon'l pou yo fè elèksyon.

6. Ki jan Bondye reyaji nan ka saa ?
   a. Li mande pou tout bandi yo kanpe devan pòt kay yo ak tout fanmiy yo, ak tout byen yo.
   b. Bondye louvri vant latè ki anglouti yo tout .
   c. 14,000 moun ki te fache tonbe mouri menm jou a.
7. Se Araron ki mande gras pou rès la ki fè yo la.

8. Ki konsèy ou ta kap bay a moun ki vle pèsekite pitit Bondye ?
   Pou yo gade byen si Jezi pa kanpe bò kote'l.

Leson 7
Sentespri nan pwotokòl adorasyon

Tèks sou leson an : Lev. 8 : 1-36 ; 9 : 1-24 ; 10 : 1-20
Tèks pou li nan klas la : Lev. 10 : 1-7
Vèsè pou resite : Seyè a voye yon dife sou yo, dife a boule yo, epi yo mouri la devan Seyè a. Lev. 10 : 2
Fason pou fè leson an : Diskou, konparezon, kesyon
Bi leson an : Mande kretyen yo pou yo pran anpil prekosyon nan fason pou yo adore Bondye.

Pou komanse
Si yon moun konnen ke'w ka moke Sentespri a, an verite, m'pa reskonsab ou. Gade ki jan de (2) ti neve Moyiz mouri mal pou dezobeyisans yo.

I.   **Ki jan sa te pase ?**
Moyiz te transmèt a Araron, e a tout pitit li ki te sakrifikatè tou, enstriksyon Bondye sou pwotokòl konsekrasyon an. Moyiz li menm li obeyi'l pwen pa pwen e seremoni an te fèt devan tout moun. Lev. 8 : 17, 21
1.   Sakrifikatè yo pat gen dwa kite tabènak la tan ke sèt(7) jou onksyon an pa pase. Lev. 8 : 33
2.   Obout wit jou apre yo finn prezante sakrifis yo sou lotèl, Bondye voye yon dife ki brile tout sa ki te genyen sou otèl la ak tout grès yo. Lè pèp la wè sa, yo fèt gwo fèt lakontantman. Yo jete yo byen ba devan Letènèl. Lev.9 :23-24

II. Ki sa'k lakòz Nadab ak Abihu mouri.

1. Yo toulede, yo te sanble yon boukan, yo bay li dife, yo mete pafen ladan pou yo prezante'l devan Letènèl.
   Men kote yo mete sakrifis pou peche'a ? Kote olokòs pou bay Bondye glwaa ? Kote sakrifis remèsiman an ? **Yonn nan yo pat la !**
   Lev. 10 : 1

2. Pwotokòl la pat respekte. Bondye refize adorasyon saa. Dife pa yo a te charnèl. Bondye fache. Men pou ki rezon li touye yo.
   Lev. 10 : 2

III. Ki konsekans sa te vinn genyen apre sa.

1. **Aaron pat kap patisipe nan fineray de (2) gason' l yo paske sèt (7) jou onksyon an poko rive.** Lev. 10 : 7

2. Moyiz mande a de (2) manm fanmiy nan pou yo al tere kadav yo. Lev. 10 : 4

3. Bondye pase yon lòd pou si gen moun ki pa kontan, pou pèsonn pa fè manifestayon.
   Lev. 10 : 6

Pou fini.

Bondye rejte tout adorasyon ki pa prepare. Pran men nou souple.

Kesyon

1. Ki bi leson an ?

   Mete kretyen yo an gad kont adorasyon ki pa prepare

2. Ki sa Letènèl te odonen Moyiz pou sèvis adorasyon yo?
   a. Fòk genyen yon sakrifis pou peche yo.
   b. Fòk genyen yon olokòs jan Letènèl mande'l
   c. Fòk yo sakrifye yon belye pou fèt remèsiman an.
   d. Yo dwe rete sèt jou sans soti nan tant rande-vou a.

3. Pouki Letènèl te touye Nadab ak Abihu ?
   a. Yo te vini devan Letènèl ak dife pa yo.
   b. Pwotokòl la pa't rèspèkte.

4. Ki konsekans sa te genyen ladan?
   a. Araron pa't gen dwa asiste lantèman de pitit li yo paske delè onksyon pat ko fini.
   b. Pèsonn pat gen dwa fè manifestasyon.

5. Ki leson nou tire nan sa jodia ?
   a. Nou dwe rèspèkte pwensip Bondye li menm etabli pou nou vin adore'l .
   b. Se tèt pa nou pou nou bay Bondye. Li pa bezwen anyen ki frivòl kay nou.

Leson 8
Yon match èspirityèl

Tèks sou leson an : Jòb. 1 : 1-22 ; 2 : 1-9 ; 8 : 4 ; 33 :33 ; chap 38 à chap 41 ; 42 : 1-17
Tèks pou li nan klas la : Jòb 1 : 13-22
Vèsè pou resite : Epi li di: -San anyen m' soti nan vant manman m'. San anyen m'ap tounen anba tè. Seyè a bay! Seyè a pran! Lwanj pou Seyè a! Jòb.1 :21
Fason pou fè leson an : Diskou, konparezon, kesyon
Bi leson an : Montre ki jan Bondye ka pèmèt Satan antre nan yon moun ou byen nan yon sityasyon pou atake fwa 'w.

Pou komanse
Men yon match ki enteresan ant de (2) ekip: Fòk ou gade byen. Se Satan ak Jòb ki sou teren an. M'ap mand'w pou'w chita trankil pou'w swiv match la.

I.   **An nou aliyen jwè yo :**
   1.   Yon bò se **jwè ak mayo nwa yo**. Nou wè Satan, kapitèn ekip li ak twa (3) zanmi Jòb yo, ak madanm Jòb
   2.   Yon lot bò, **se jwè ak mayo blan yo**. Se Letènèl , kapitèn lòt ekip la ak Jòb

II.   **Nan premye mitan :** Satan ap mennen. Li kat a en (4-1)sou Jòb. Men ki jan gòl yo fèt:
   1.   Bandi vole tout bèf ak bourik li yo e touye tout jeran yo. Jòb. 1: 14-15
   2.   Yon gwo kout loray touye tout mouton'l yo ak jeran yo. Jòb 1: 16

3. Twa kòlonn bandi vole tout chamo'l yo e yo touye tout jeran yo. Jòb 1: 17

4. Yon gwo siklòn pase li touye tou le dis (10) pitit li yo. Jòb. 1 : 19
   Malgre tout sa Job beni non Bondye.
   Jòb. 1 : 21-22

III. Nan dezyèm mitan. Yo soti en a en (1-1)
Satan antre nan madanm Jòb pou fè'l chite.

1. Li rele sou tèt Jòb, li mande'l pou'l joure manman Bondye pou'l bay Satan lagan'y. Jòb. 2 : 9

2. *Jòb réziste. Li pa kite tèren an.* Jòb. 2 :10b

IV. Nan twazyèm mitan, yo soti (2-1) an favè Jòb.

1. Satan antre nan pi bon zanmi Jòb pou yo di'l betiz pou fè'l fache. Jòb.8 :4 ; 33 :33

2. *Jòb réziste e li di yo ke sa'k pase'l la se Bondye ki vle'l konsa. Jòb. 19: 6, 21*

3. *Li kwe ke Bondye'l la ap leve'l atè a. Jòb. 19: 25*

V. Nan katryèm mitan yo soti (2-1) an favè Satan
Satan antre nan ti domestik kay li pou meprize'l

1. Yo refize bay li menm yon ti gout dlo. Jòb. 19 : 16

2. Madanm li viro do bay li. Jòb. 19 :17.

3. *Jòb pa pèdi lafwa pou sa. Jòb 19 : 26*

VI. An nou swiv kounyeya desizyon Jiri a
Letènèl envite Jòb nan yon seminè de fòmasyon.

1. Se lè saa Jòb finn konprann ke se Bondye menm ki t'ap kare'l ak ekip Satan an ki te chita nan tout kalite jwè sa yo. Jòb. 42 : 5-6
2. Bondye deklare ke Satan pèdi match la paske li te fè koken : Li te sèvi ak manti, ak mechanste pou'l detri Jòb. Jòb. 38 à 41
3. Bondye mande Jòb pou'l asèpte padonen fo zanmi sa yo. Jòb 42: 8-9.
   Pou koup la, Jòb fè dekabès: Bondye leve têt Jòb devan lènmi yo e li bay li de (2) fwa de tout sa'l te pèdi yo. Jòb. 42 :10, 12-13

Pou fini
Mwen ta konseye'm pou'w rete nan ekip Bondye a. Mwen bay ou garanti, Satan ap toujou pèdi batay.

Kesyon
1. Ki match nou pra'l asiste jodia ?
   Ekip Satan le Dyab kont Jòb.

2. An nou alinye jwè yo.
   a. Satan se kaptenn Ekip ki pote mayo nwaa: Nou wè twa zanmi Jòb, ak madanm Jòb.
   b. Letènèl se kaptenn ekip ki pote mayo blan an : Nou wè Letènèl ak Jòb.

3. Bay nou reportaj match la:
Premye mitan li soti twaza en (4-1) an favè de Satan.
   a. Volè vole gwo biznis
   b. Loray kraze ti biznis li.
   c. Volè piye biznis li e touye tout jeran'l yo
   d. Yon siklòn touye dis pitit li yon sèl kou.
   e. ***Men Job pa pèdi lafwa pou sa***

4. Dezyèm mitan : yon bi patou (1-1)
   a. Madanm li mande'l pou'l deklare fòrfè.
   b. ***Jòb pito deklare fwa'l nan Bondye***

5. Twazyèm mitan : Deza en anfavè Jòb (2-1)
   a. Satan chita nan kè pi bon zanmi Jòb pou di'l betiz.
   b. ***Jòb pito kwè nan mizerikòd Bondye.***
   c. ***Li rele fò li di "Bondye'm vivan»***

6. Katryèm mitan : deza en (2-1) anfavè Satan
   a. Moun kay li meprize'l
   b. Sèvant li yo refize sèvi'l
   c. ***Jòb gade lafwa***

7. Ki sa Jiri a deside ?
Letènèl désidé viktwa a anfavè Jòb.
   a. Paske Satan te fè twòp koken. Zanmi Jòb yo te fè twòp manti pou yo te detri' vi Jòb
   b. Jòb fè dekabès. Li resevwa koup la kòm chanpyon. Bondye bay li 2 fwa tout byen li te pèdi yo.

Leson 9
Sentèspri nan zafè bati Legliz Kris la

Tèks sou leson an : Eza. 45:14; 61 :1 ; Jer. 20:7; Jon. 2: 1,11; 3: 1-3; Jan.6 : 12 ; Tra. 2 :38 ; 5 : 41 ; 8 : 18-20 ; 13 :2 ; 16 :6 ; 19 :13-16 ; 1Kor. 6 :19 ; 12 : 7-11, 28 ; Ef.1 :13 ; 1Tes.1 : 6 ; Eb.1:1; 2Pyè.1 :21

Tèks pou li nan klas la : 1Kor. 12 : 7-11

Vèsè pou resite : Lespri Bondye a fè travay li yon jan nan lavi chak moun, men li fè l' pou byen tout moun.1Kor. 12 :7

Fason pou fè leson an : Diskou, konparezon, kesyon

Bi leson an : Nou vle pale de fòs la k'ap dirije asanble nou yo.

Pou komanse

Se Bondye ki mete lèspri 'l nan yon bann moun pou yo pale pou li. 2Pyè.1 :21

Anverite, mwen renmen deklarasyon sa ke Pyè te fè. Ki wòl Sentespri a menm nan zafè Legliz Kris la ?

I. **An nou wè nan Ansyen Tèstaman an**
   Li pale ak vizyon nan tèt pwofèt yo. Se sa ki fè yo di: « Men sa Letènèl di » Eza.61 : 1 ; 45 : 14 ; Eb. 1 :1
   1. Jérémi ta di'w : Bondye pran tèt mwen e mwen kite'l fè sa'l vle ak mwen. Je.20 :7
   2. Jonas fè sa'l konnen pou'l pa rete souzòd Sentespri a, men sa pat mache pou li. Jon.2 : 1, 11 ; 3 : 1-3

149

II. Nan Nouvo Testaman an

1. Li chita nan vi kretyen yo pou'l fè travay li. 1Kor.6 : 19
2. Li distribye 12 don nan Legliz yo pou sèvi tout moun. 1Kor.12 : 7-11, 28

   Si nou sonje, apre miltiplikasyon pen ak pwason yo, te gen 12 panye ki te rete. Jezi te di "ranmase yo mete nan rezèv pou anyen pa pèdi". Ta sanble ke se de 12 don sa yo li te vle pale. Jan. 6 :12
3. Sentèspri a mete'l ansanm ak Legliz pou chwazi misyonè yo. Tra. 13 :2
4. Li mete yon so èspesyal sou kretyen yo. Ef.1 :13
5. Li bay yo jwa menm nan mitan tribilasyon. Tra.5 :41 ; 1Tes.1 :6
6. Li gen dwa devye yon plan'w te genyen. Tra.16 :6

III. Ki jan li travay

1. Sentèspri a pa yon machandiz ki alavant tankou Majisyen Simon an te kwè.
   Tra.8 : 18-20. Se yon kado Bondye fè a tout moun ki konvèti. Tra.2 :38
2. Si 'w vle chase yon **move lèspri**, fòk ou genyen **Sentèspri sou ou**. Si se pa sa, Satan ap avili'w tankou li te fè pou 7 gason Seva yo.
   Tra. 19 : 13-16

Pou fini

Mande Bondye bon konprann pou nou pa pran nan kraponay Dyab la.

Kesyon

1. Ki jan Sentespri te travay nan Ansyen Tèstaman ?
   Se nan vizyon pwofèt yo te konn fè

2. Ki wòl Sentespri a nan Legliz Kris t'ap bati a?
   Sentèspri chita nan vi kretyen yo pou fè anpil bagay.
   a. Li bay yo don pou tout moun ka jwi' yo.
   b. Ansanm ak Legliz, Li chwazi misyonè yo.
   c. Li mete yon so èspesyal sou kretyen yo.
   d. Yo gen jwa nan kè yo menm nan mitan eprèv.

3. Ki jan pou'l travay nan la vi'w ?
   a. Fòk ou gen Sentèspri pou'w ka chase move lèspri.
   b. Fòk ou gen bon konprann nan tèt ou pou'w pa pran nan kraponay moun ki di yo gen Lespri.

4. Bay bon repons la :
   Pou'w gen Sentespri a:
   a. Fòk ou kap di 7 fwa beni swa Letènèl »
   b. Fòk ou pale an lang.
   c. Fòk ou abiye tou de blan
   d. Fòk ou asèpte Jezikri pou Sovè'w.

5. Bay bon repons la :
   a. Sentespri a li nan tout relijyon.
   b. Sentespri a nan tout Legliz.
   c. Sentespri a chita nan kretyen ki sanktifye

Leson 10
Ki jan fèt remèman an ta dwe fete

Tèks sou leson an : Jen. 46 : 1-6 ; Mat.11 :28 ;
1Kor.2 : 9 ; Sòm. 150 :6 ; Aje. 2 :8 ; 1Kor.12 : 11
Tèks pou li nan klas la : Sòm. 150 : 1-6
Vèsè pou resite : Men, se yon sèl Lespri a ki fè tou sa.
Li bay chak moun yon kado diferan jan li vle. 1Kor.
12 : 11
Fason pou fè leson an : Diskou, konparezon, kesyon
Bi leson an : Fè fèt remèsiman an pi grandioz

Pou komanse
Depi yon moun gen rekonesans, apresyasyon pa gen
limit la dan. Se pa bouch k'ap di, se kè k'ap pale. Se pa
men ki bay, men se kè a. An nou kite kè a pale.

I. **Vre lanmou, se nan kè li chita**
   1. Se ak kè nou nou apresye sa moun fè pou nou.
      Pawòl yo dwe pèsonèl, sensè e yo dwe vle di
      yon bagay.
   2. Jodia, se fèt Aksyon de gras, se ta dwe fèt tout
      pèp
      a. An nou wè yon Jozèk ki siyen visa
         rezidans pou 70 mamb fanmiy li pou sove
         yo anba yon grangou ki te frape tout peyi
         yo. Jen.46 : 1-6
      b. Peyi Etazini fè yon bagay konsa kant li
         louvri pòt rezidans nan peyi a pou yon
         bann pèp . Se yon senbòl de Kris ki akeyi
         tout pechè ki vinn a li. Konprann byen, se
         yon senbòl. Mat.11 :28
   3. Rekonesans tout bon an dwe pou'l soti nan kè
      nou pou Bondye, pou tout moun ka konnen

ke latè pa sanble ditou ak paradi ke Jezikri rezève pou moun ki gen la fwa nan li an. 1Kor.2 :9

4. Konsa tout moun ta dwe:
    a. Dabò bay Bondye lwanj paske li mete tout byen tou patou sou planèt la pou nou;
    b. Nou ta dwe bay li lwanj pou sezon yo ki pote tout kalite fwi tou tan pou nou kap viv. Sòm. 150 : 6 ; Aje.2 :8
    c. Nou ta dwe bay li lwanj pou tout don li bay nou pou nou kap degaje nou viv. Li fè tout sa gras a travay Sentespri a. 1Kor.12 :11

Pou fini

M'ap mande'w jodia, ki rezon ou genyen pou'w fete fèt remèsiman a Bondye ?

Kesyon

1. Kote fè remèsiman an ta dwe soti ?
    Nan moun ki gen rekonesans

2. Ki sa Jozèf te dwe espere de frè'l yo apre rezidans yo ?
    Pou yo te montre 'l rekonesans paske li te retire yo nan mizè nan peyi Kanaran.

3. Ki sa nou ta dwe espere de kretyen yo?
    Pou yo montre rekonesans a JeziKri paske li sove yo

4. Nan yon sans jeneral , ki gwosè pou fèt remèsiman an ta dwe genyen ?
    Li ta dwe yon fèt pou lemonn antye
    a. Pou lwe Bondye pou tout byen li mete pou nou tou patou sou planèt la.
    b. Pou sezon yo ki vini len apre lòt pou nou jwenn tout fwi tout lane a
    c. Pou Sentespri ki distribye tout don pou nou kap sèvi Bondye.

5. Bay pi bon repons la :
    a. Fèt remèsiman an se yon fèt ameriken.
    b. Se yon fèt pou fanmiy rankontre.
    c. Se yon okazyon pou nou manje ak bwè.
    d. Se yon okazyon pou bay Bondye lwanj ak yon gwo ofrann remèsiman.

154

Leson 11
Bib la , liv ki pa gen konparezon

Tèks sou leson an : Jen. 1 :26-29 ; 6 :20 ; 7 : 9,15 ; 9 :2 ; Egz. 12: 31; 31: 3-5; Eze. 47 :12; Mat. 28: 19-20; Mak. 16: 16-17; Eb. 1 :1; Rev.5:9

Tèks pou li nan klas la : Mak. 16 : 15-29
Vèsè pou resite : Moun ki kwè va fè anpil mirak; y'a chase move lespri nan non mwen, y'a pale lòt lang. Mak. 16 : 17
Fason pou fè leson an : Diskou, konparezon, kesyon
Bi leson an : Montre ke bib la se pawòl Bondye ak tout otorite'l.

Pou komanse
Yon Bondye mayifik kreye moun mayifik e li bay li yon liv mayifik. Ki liv saa ? Se pa yon lòt, se Bib la !

I. **Bib la se liv ki fè otorite sou planèt la:**
    Lè Bondye finn fè moun, li bay li otorite sou bèt yo, sou plant yo e sou tout sa ki nan tè a :
    Jen. 1 : 26-28
    1. **Men sa Bib la fè nou konnen de bèt yo**
        a. Tout bèt mache tèt a tè devan lòm. Kan yo te gen pou antre nan Lach Noye a, fòk ou ta wè sa, yo vini pou kont yo san moun pa fòse yo. Jen. 6 :20; 7 :9, 15
        b. Apre Delij la, yo te vinn sovaj paske lòm ap chèche touye yo pou manje yo. Malgre tou sa, lòm dominen yo. Jen. 9 : 2

2. **Men sa Bib la fè nou konnen de plant yo**
    Bondye deklare ke lòm gen dwa manje tout fwi ki nan plant yo e sèvi ak fèy yo pou fè renmèd. Jen. 1 : 29 ; Eze.47 :12

3. **Men sa Bib la fè nou konnen de sa ki nan tè a**
    Bondye bay lòm lèspri pou fè envansyon pou yo fè tout kalite travay. Egz.31 : 3-5
    Depi lè saa, nou wè lòm ki te rete nan trou wòch pa menm ak lòm kounyeya. Yo devlope tèknik pou fè tout kalite konstriksyon ki fè'w rete tou sezi.

II. **Bib la se liv ki fè otorite sou tout èspri**
    1. Ak yon sèl ti vièj a bèf, Bondye nan Moyiz te oblije Fararon an siyen yon visa pou plis ke yon milyon jwif. Egz.12 :31-32
    2. Ak non Jezi sèlman, ou chase demon, ou fè gwo mirak ak anpil gwo bagay ki fè moun sezi. Mak.16 :16-17

III. **Bib la se liv ki gen gwo revelasyon ladan**
    Gras a Bib la, Syèl la rete an kontak toutan ak lòm gras a lespri Bondye nan pwofèt yo, nan anj e alafen nan Jezikri ki la ak nou anpèrmanans.
    Mat. 28 : 19-20 ; Eb. 1 : 1

Pou fini
Mwen ta konseye'w kontinye li Bib la tout tan. Se sèl liv w'ap jwenn nan syèl la. Rev.5 :9

Kesyon

1. Ki pi gran liv ki genyen nan istwa lèzòm?
   Bib la

2. Ki sa Adan t'a kap di de Bib la s'il te genyen'l?
   Bib la bay li otorite sou tout sa ki sou planèt la.

3. Ki sa Jezikri t'a di de bib la?
   a. Se Liv sa ki bay nou otorite sou tout espri, sou demon yo, sou maladi ak lanmò.
   b. Se li ki pale nou de vi n'ap genyen pou toutan

4. Ki sa kretyen yo ta kap di de bib la ?
   Se Liv ki gen gwo Revelasyon. Li revele nou tout bagay nan Bondye e sou destinen nou.

5. Pouki sa nou dwe medite Pawòl la tout tan ?
   Se sèl liv n'ap jwenn lè nou rive nan syèl la.

Leson 12
Ki sa Maj yo fè nou konnen

Tèks sou leson an : Lev. 19 : 26 ; Sòm. 31 : 16 ; Mat. 2 : 1-11 ; Ef.1 :4
Tèks pou li nan klas la : Mat. 2 : 1-12
Vèsè pou resite : Lavi m' nan men ou. Delivre m' anba lènmi m' yo, anba moun k'ap pèsekite m' yo! Sòm. 31 : 16
Fason pou fè leson an : Diskou, konparezon, kesyon
Bi leson an : Se pou nou envite tout moun reflechi sou fason pou adore Jezi.

Pou komanse

Lavi a se yon lekòl. Nou la pou aprann de tout moun e nan tout bagay. Men wa Maj ki soti nan peyi Kalde ki vinn pwofesè pou nou jodia. Ki sa yo genyen pou aprann nou ?

I. **Dabò, yo montre nou ke nou dwe aprann obsève.**
   1. Maj yo pat wa vre, yo te savan ki te konn obsève zetwal yo lè yo chita nan yon pòs yo te rele zigoura. Se la yon jou, yo te dekouvri yon zetwal ki ta dwe pou yon gran wa. Mat. 2 : 2
   2. Konsa, yo fè nou kwè ke si Jezi gen yon zetwal, chak moun gen zetwal pa yo tou. Konsa avan menm Bondye te kreye planèt la, li te déjà konnen tout lokatè ki pra'l abite'l e destine yo tout. Sòm.31 :16 ; Ef.1 :4
   3. Se yonn nan rezon ki fè Bondye defann nou konsilte Dyab la pou'n konnen destine nou. Bondye fikse sa déjà. Lev.19 :26

II. Maj yo montre nou pou nou aprann sote sou opòtinite.

1. Depi yo finn wè zetwal la, yo pran swiv li jiskas ke yo wè'l pa mache ankò. Mat.2 : 9
2. Li rete sou tèt vil Bèleyèm, nan peyi Jide. Sa vle di ke pandan plis ke yon mwa de voyaj, yo kite zye yo fikse anlè pou yo ka jwenn ki kote zetwal la ap kanpe.
3. Konsa, si'w vle konnen adrès pou'w jwenn Jezi, fòk ou leve zye'w anlè, li pa atè nan biznis.

III. Maj yo aprann nou chèche ak pridans.

1. Puiske se yon wa y'ap chèche, yo kwè yo ta dwe jwenn li nan Jerizalèm ki kapital la.
2. Poutan, Sovè a fèt nan ti bouk Bètleyèm a dis (10) kilomèt pi lwen. Mat.2 :1-2

IV. Maj yo aprann nou apresye.

1. Maj yo pat kretyen. Poutan apre yo te mete ajenou pou adore Jezi, yo rale bous yo pou yo ofri'l lò, lansan ak mir. Lò ki senbòl ke Jezi se wa, lansan ki senbòl ke Jezi Dye pou'n adore e mir lan ki senbòl soufrans ke Jezi pra'l konnen. Mat.2 :11
2. Yo montre nou ke adorasyon pa mache san ofrann. Mat.2 :11

Pou fini

Konsèy m'ap bay ou se swiv egzanp Maj yo.

Kesyon

1. Di 4 leson nou aprann de Maj yo ?
    Nou dwe aprann obsève, sezi opòtinite, chèche ak
    pridans e aprann apresye.

2. Ki sa nou kap konprann nan obsèvasyon yo a ?
    a. Si Jezi gen yon zetwal, chak moun dwe gen pa
        yo tou.
    b. Bondye konnen destinen chak moun avan li fè
        yo vini sou planèt la.
    c. Se pa nesesè ditou pou'w al kay Dyab pou'w
        chèche konnen zetwal ou.

3. Ki sa yo aprann nou sou opòtinite ?
    Fòk ou gen zye'w leve anlè pou'w k'ap jwenn adrès
    Jezi, pou'w swiv evenman yo.

4. Ki jan pou nou chèche kan nou pa fin sur de
    enfomasyon yo nou jwenn nan ?
    Nou dwe pou nou pridan.

5. Dapre Maj yo, ki jan pou nou apresye Senyè a ?
    a. Nou dwe bay li ofrann ki vle di yon kichoy,
        ke'w kretyen, ke'w pa kretyen.
    b. Pa gen adorasyon san ofrann.

160

Lis vèsè yo

1. Men latè pa t' gen fòm, li pa t' gen anyen sou li. Fènwa te kouvri toupatou. Lespri Bondye t'ap plane sou dlo ki te kouvri tout latè.. Jen. 1 : 2

2. Mwen mete lespri m' sou li an kantite pou l' ka gen ladrès, bon konprann ak konesans pou l' fè tout kalite travay atizan yo konn fè, pou l' ka fè bèl desen, pou l' travay yo an lò, an ajan ak an kwiv. Egz. 31 : 4

3. Chak fwa nwaj la fè yon leve anwo tant lan, la menm moun pèp Izrayèl yo leve, epi yo pati. Lè li desann poze sou tant lan, yo rete, yo moute tant yo la. Nonb.9 :17

4. Koulye a, m'ap fè ou kenbe tèt ak yo tankou yo kenbe tèt ak mwen an, pou ou ka koresponn ak yo.. Eza. 3 : 8

5. Samyèl pran ti poban lwil la, li vide l' sou tèt David, la devan tout frè li yo. Lamenm Lespri Seyè a desanm sou David. Depi jou sa a, li pa t' janm kite l'. Apre sa, Samyèl leve, li tounen lavil Rama..1Sam. 16 : 13b

6. Se konsa malè a te sispann. Arawon te kanpe nan mitan ak mò yo yon bò, moun vivan yo yon lòt bò.Nonb.16 : 48

7. Seyè a voye yon dife sou yo, dife a boule yo, epi yo mouri la devan Seyè a. Lev. 10 : 2

8. pi li di: -San anyen m' soti nan vant manman m'. San anyen m'ap tounen anba tè. Seyè a bay! Seyè a pran! Lwanj pou Seyè a! Jòb.1 :21

9. Lespri Bondye a fè travay li yon jan nan lavi chak moun, men li fè l' pou byen tout moun.
1Kor. 12 :7

10. Men, se yon sèl Lespri a ki fè tou sa. Li bay chak moun yon kado diferan jan li vle 1Kor. 12 : 11

11. Moun ki kwè va fè anpil mirak; y'a chase move lespri nan non mwen, y'a pale lòt lang..
Mak. 16 :17

12. Lavi m' nan men ou. Delivre m' anba lènmi m' yo, anba moun k'ap pèsekite m' yo.! Sòm. 31 : 16

Lis Sijè yo

165

Ti detay sou vi Pastè Renaut Pierre-Louis

Pastè nan Legliz Batis Saint Raphael,   1969
Diplômen nan Teoloji nan Seminè Batis Limbe, 1970
Diplômen nan Lekòl kontablite Julien Craan   1972
Pwofesè Angle ak Panyòl nan Collège
Pratique du Nord au Cap-Haitien   1972
Pastè nan Premye Legliz Batis nan Cap-Haitien, 1972
Pastè nan Legliz Batis Redford, Cité Sainte
Philomène   1976
Diplômen nan Lekòl Avoka au Cap-Haitien   1979
Fondatè Collège Redford ak l'Ecole
Professionnelle ESVOTEC   1980
Pastè nan Legliz Batis Emmaüs à Fort Lauderdale1994
Pastè nan Legliz Batis Péniel à Fort Lauderdale   1996

Pastè depi senkantdezan (52) , Avoka, Poèt, Ekriven,
Konpozitè Teyat, li jwe teyat Jodia sèvitè Bondye sa pote
pou nou **«Tòch ki pa rete ak Tòch »** Se yon liv pou
enstri nou. Li gen gwo koze nan teoloji ladan. Li déjà fè
gwo chanjman nan fason pou anseye nan Lekòl Dimanch e
nan fason pou nou prezante mesaj Pawòl Bondye a.
Pastè yo, predikatè yo, monitè yo, kretyen ki gen zye klere
yo, tanpri, pran **« Tòch ki pa rete ak Tòch »** la. Kan w fini,
pase l bay yon lòt. 2 Tim. 2:2

Komantè Moun Ki Abone Liv saa

Depi nan ane 1995, m'ap anseye Lekòl Dimanch ak Tòch la. Lè sa li te sou fèy detache. Jiska prezan, mwen pa wè tankou'l ditou pou fòmayon kretyen nou yo. Anverite, Tòch la se yon Kado Bondye voye bay nou. Tout glwa se pou Li.

New Vision Philadelphia Church of God
Pastè Henock Chery

Pastè Renaut, Liv ou yo pa gen pri. Ke le Senyè ka toujou sèvi ak ou pou byen Legliz nou yo e pou glwa pa'l.

Pastè Joanès Martin

Dife tou Limen an chofe nou pou nou preche Pawòl nan tout jan. Menm si travay la anpil e gen moun ki poko vle konvèti.

Michel Eugene

Tòch la se yon trezò li ye pou tout pastè yo ak Legliz yo. Kant ou gade gwo fomasyon teolojik, biblik evanjelik ou jwenn ladan, ak tout sa li pale sou vi yon kretyen, nou wè nan li yon eritaj pou tout jenerasyon yo kap vini.

Me. Eutrope Samson

Dife Tou Limen an pote yon revolisyon total nan fason pou nou anseye nan Lekò Dominikal e nan vi pèsonèl nou. Nou di « Beni swa Letènèl!"

Pastè Chevelon Elisner

167

Depi setan (7) nou menm nan Legliz Nazareyen nan Palm Bay, se Liv sa nou adopte pou anseye nan Lekòl Dominikal. Pa genyen tankou li ditou. Se yon gras. Nou di Bondye mèsi.

Pastè LaFrance Diedenomi

Liv saa se yon kokennchenn zouti pou ede Legliz yo grandi nan fwa yo e nan konesans Bondye. Li ede nou tou nan Etid Biblik, nan prepare mesaj, nan meditasyon nou e nan devosyon an fanmiy. Li ekri nan yon langaj senp, toutaklè pou nou konprann. Nou di Bondye mèsi pou talan sa li bay sèvitè'l pou'l ede tout kretyen yo.

Eglise des Frères Haïtiens, Miami

Pastè Ilexene Alphonse

Mwen di Bondye mèsi pou tout koleksyon Tòch la. Li fèm pi konprann Levanjil e li fè'm grandi nan vi èspirityèl mwen chak jou. Mwen di'l ak tout kè'm.

Rev. Pastè J. P. George Lahens
Gestionnaire/Professeur de carrière

Pastè Renaut,
Mwen di Bondye mèsi pou liv saa ki gandi konesans mwen e amou mwen nan Pawòl Bondye a. Mwen kapab temwaye ke li chanje fason de panse nan monn evanjelik la. Bondye sèl ki kap rekonpanse'w ni isit ni nan syèl la.

Haitian Christian Ministry, Arizona
Pastè Abner Lamy

Si w bezwen enfòmasyon sou liv yo ak brochi nou ekri yo, ou kap kontakte nou nan adrès sa yo :

Peniel Southside Baptist Church
P.O. Box 100323
Fort Lauderdale, FL 33310
Mobile: 954-242-8271
Phone : 954-525-2413
Website : www.theburningtorch.net
E-mail:renaut@theburningtorch.net
E-mail :renaut_cyrille@hotmail.com

Atansyon : Se yon bagay ki kont la lwa si yon moun ta kopye liv sa ou byen yon pati nan liv sa nan nenpòt kèk fason, ke se swa nan enprimri, ou fòto, ou CD san w pa gen otorizasyon ekri sou papye de lotè liv la.